UN ATOLL ET UN RÊVE

PAUL ZUMBIEHL

UN ATOLL ET UN RÊVE

UN AN SUR UNE ÎLE DÉSERTE

34 photographies en couleurs de l'auteur

Guilde européenne du raid
ALBIN MICHEL

« AVENTURE AU XXe SIÈCLE »
Collection dirigée par Patrick Edel

22, rue Huyghens, 75014 Paris

ISBN 2-226-02537-5
ISSN 0761-5582

À Danièle,
à Alexandre, Nicolas, Nano.

Ce fut un balancement dramatique dans le cycle naturel du temps.

Plutôt bombardements que tempêtes, les cyclones de 1983 ont ruiné la Polynésie. Ils furent l'une des conséquences de la dislocation de « El Niño », le plus grand système mondial de régulation du temps. Inondations catastrophiques et vents de tempêtes, ou au contraire feux et sécheresses engendrèrent la misère et la famine tout autour du globe.

D'après Thomas Y. Canby, *National Geographic*,
vol. 165, n° 2/ février 1984.

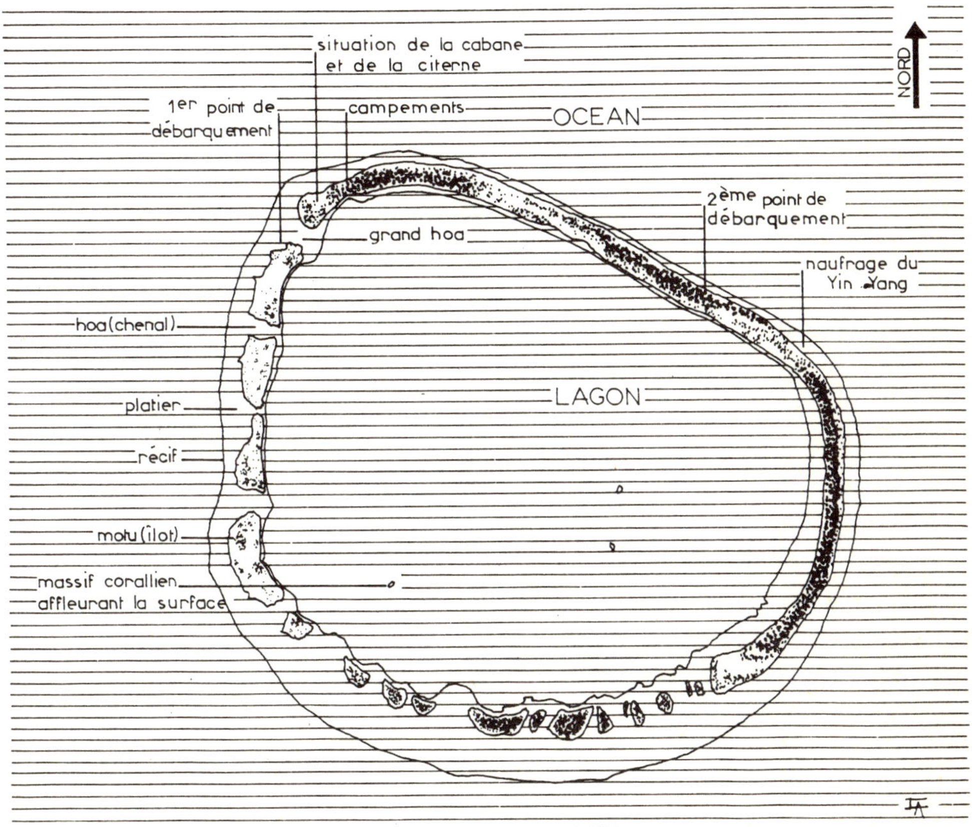

Ahunui
19°38 S, 140°25 W, diamètre environ 6 km

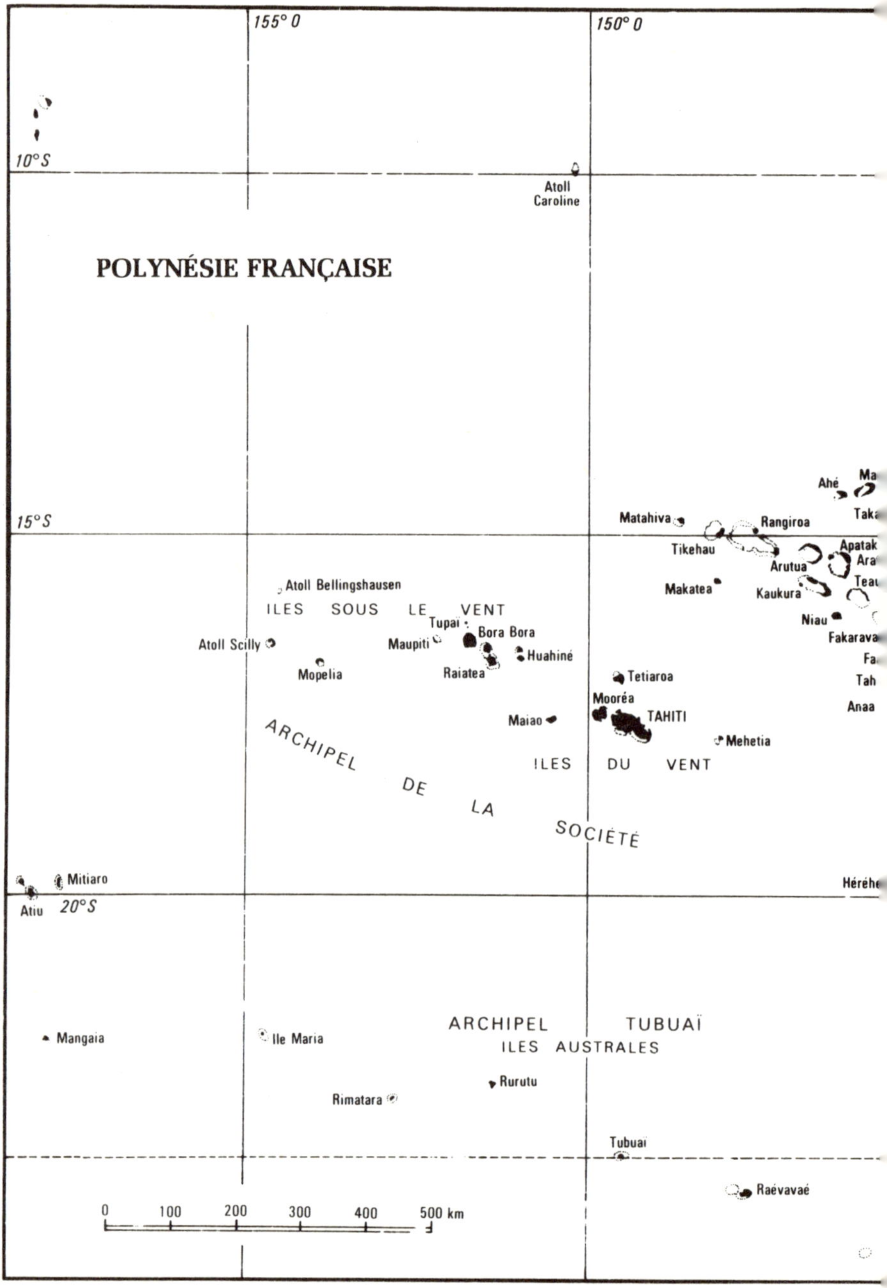
POLYNÉSIE FRANÇAISE
155° O
150° O
10° S
15° S
20° S
Atoll Caroline
Ahé
Matahiva
Rangiroa
Tikehau
Apataki
Arutua
Makatea
Kaukura
Niau
Fakarava
Anaa
Atoll Bellingshausen
ILES SOUS LE VENT
Tupaï
Bora Bora
Atoll Scilly
Maupiti
Huahiné
Mopelia
Raiatea
Tetiaroa
Mooréa
TAHITI
Maiao
Mehetia
ARCHIPEL DE LA SOCIÉTÉ
ILES DU VENT
Mitiaro
Atiu
Mangaia
Ile Maria
ARCHIPEL TUBUAÏ
ILES AUSTRALES
Rurutu
Rimatara
Tubuai
Raévavaé
0
100
200
300
400
500 km

140° O
135° O
Eiao
Motuhiti
Nuku Hiva
Ua Huka
Ua Pou
Fatu Huku
ILES
Hiva Oa
Tahuata
Fatu Hiva
MARQUISES
Tepoto
Napuka
HIPEL DES TUAMOTU
Puka Puka
Takumé
Fangatau
Fangahina
Taenga
Raroia
Makemo
Nihiru
Hiti
Tepoto
Reka Reka
Marutéa N.
Tekokoto
Tauéré
Tatakoto
Haraiki
Hikueru
Reitoru
Marokau
Amanu
Ravahéré
Hao
Pukarua
Aki Aki
Reao
Vahitahi
Nengo Nengo
Paraoa
Manuhangi
Nukutavaké
Pinaki
AHUNUI
Anu Anuraro
Anu Anurunga
Nukutipipi
ES DU DUC DE GLOUCESTER
Vanavana
Tureia
GROUPE ACTÉONS
Tenararo
Tenarunga
Vahanga
Marutea S.
Maturei
Vavao
Maria
Tematangi
Mururoa
Fangataufa
Récif Ebrill
Morané
Manga Reva
ILES GAMBIER
Temoé
Tropique du Capricorne
Récif Portland

CHAPITRE I

Du rêve au projet

Novembre 1982.

Lourdement chargé, le *Kébir* taille sa route contre un alizé très frais. À chaque vague, le voilier cogne et soulève des paquets d'une mer bien formée qui ne laisse aucun doute sur les difficultés qui nous attendent au débarquement.

Dans sa cabine, Danièle gît plus qu'elle ne repose, écrasée par le mal de mer. Depuis le départ elle n'a presque rien absorbé, nourriture ou boisson, elle ne garde rien. De temps à autre elle émerge dans le cockpit pour s'affaler sur un seau car dans son état de faiblesse il serait trop dangereux qu'elle se hasarde jusqu'à la rambarde.

Elle ne se plaint pas. Je crains pourtant qu'elle ne regrette déjà ce voyage...

Notre but est une île, mais pas une île ordinaire.

Le sable grossier, la caillasse, les rochers anfractueux : tout est corail. Au centre sommeille un lagon calme, mais en périphérie, face à l'océan, là où il faudra accoster, se dresse un récif, un roc hostile et sans faille. Il n'y a pas de passe. Ahunui est un atoll fermé.

Cinq mille milles[1] nous séparent des continents les plus proches. Une poussière d'atolls nous environne mais, depuis huit

1. Mille marin : 1 852 mètres.

jours, nous allons sur une mer déserte. Les atolls crochent trop bas sur l'océan et les distances s'étirent, immenses.

Il fait nuit. Je suis de veille, engoncé dans mon suroît, les yeux lourds malgré la moque de café. Je pense à demain et aux trois hommes qui m'accompagnent. De notre détermination, de notre adresse, de notre chance aussi, dépendra la réussite d'un débarquement périlleux, presque impossible.

Dans le poste avant, Ricardo dort à poings fermés. Bourlingueur impénitent, il a quitté le Chili et la compagnie d'aviation où il était pilote pour découvrir d'autres horizons et vivre son plein d'aventures. Il n'a aucune expérience des atolls mais on peut lui faire confiance. Ce gars-là a toutes les audaces.

Tané dort lui aussi du sommeil du juste. Secret et timide, ce *Paumotu*[1] âgé de quinze ans semble perdu parmi nous. Lui non plus n'a jamais franchi un récif. Mais son âge, son physique, ses origines, tout donne à penser qu'il apprendra vite.

Enfin Jean-Yves Delanne, le capitaine, somnole dans le poste arrière, prêt à surgir de derrière les cartes, les livres, les radios et les armes qui encombrent son repaire. Taillé en force, barbu en diable, tout en gueule et en tendresse, il a sans doute manqué son époque. Je l'imagine volontiers au temps des corsaires. Sa grande fierté réside dans le débarquement de plusieurs tonnes de dynamite, sur je ne sais plus quel atoll.

Il a une solide expérience du récif et de toute façon, il était le seul à Tahiti à vouloir se charger de cette expédition. Aucun bateau ne croise dans les parages. L'*Aranui*, la goélette qui m'avait emmené sur l'atoll il y a plusieurs années, a fait naufrage. Le *Kekanui* qui l'avait remplacé a failli en faire autant deux

1. *Paumotu* : habitant des Tuamotu.
L'auteur a maintenu la règle des mots maori sans pluriel, consacrée par l'usage.

ou trois fois et l'armateur a refusé cette fois-ci de dérouter son navire sur pareille distance.

Dans mon cagnard[1], seule la petite lampe du compas me distrait de temps à autre de mes réflexions : cap 110°, l'aboutissement d'un rêve obstiné.

Au commencement il y avait Robinson, un livre, une illusion qui avait enchanté mon enfance et déterminé le choix de mon métier. Je serais médecin tropicaliste et j'irais dans les îles, toujours plus loin, parce que plus loin c'est sûr, c'est tellement plus beau...

J'avais posé mon sac dans beaucoup de pays, mais en 1967, à l'occasion de mon service militaire accompli dans la Légion étrangère que j'avais découvert Puka-Rua, mon premier atoll.

Plongé dans une vie de camp extrêmement disciplinée et hiérarchisée qui faisait contraste avec la nonchalance et tout de même l'efficience du village indigène, j'avais bénéficié d'un poste d'observation exceptionnel. J'avais ressenti de l'admiration pour le soldat embrigadé et farouche, aussi de la complicité pour le Paumotu libre et fier. J'avais vu deux cultures, deux civilisations à l'assaut du même lopin de terre. La technologie du groupe qui forgeait la nature à sa volonté, face à l'astuce de l'individu qui s'y adaptait. Des uns et des autres, je crois bien que j'avais appris le meilleur et, tout naturellement, j'avais basculé du rêve au projet : vivre un jour seul sur une île.

Dès lors je m'étais documenté sur tout ce qui pouvait servir ma résolution. Sous les drapeaux, ou plus tard rendu à la vie civile, je me préparais physiquement, techniquement et même moralement. Depuis 1975, j'avais organisé trois expéditions sur Ahunui où, au contact de Paumotu et d'amis aguerris, j'avais

1. Cagnard : abri de l'homme de veille.

Les explications des termes de marine sont empruntées en grande partie au *Dictionnaire de la mer* de Jean Merrien. Que l'auteur en soit remercié.

perfectionné les gestes et les stratagèmes pour vivre et au besoin survivre dans la solitude d'un îlot de corail.

Récemment enfin, j'avais sacrifié mon cabinet médical et tout ce que cela impliquait de confort, de routine, de sécurité et aussi de considération. J'avais du même coup acheté ma liberté. J'avais opté pour une nouvelle forme de pensée.

Ceci est mon quatrième voyage sur Ahunui.

Dans le balancement de la houle et du vent, à la veille de débarquer, je sais que je suis prêt et que je pourrai assumer l'isolement. Une préoccupation cependant : Danièle ! Dès le départ, elle s'est recroquevillée sur ses nausées. Comment réagira-t-elle dans l'avenir ? Son état présent ne présage rien de bon. Et pourtant, quelle confiance, quelle patience, quel courage et quel travail n'a-t-elle pas témoigné durant ces longs mois de préparation !

Envers et contre tous, elle a quitté sa famille, son pays et son emploi pour me suivre au bout du monde, dans l'inconnu total. De Tahiti où nous avons effectué nos derniers préparatifs, elle ne connaît que les boutiques chinoises d'où elle revenait chargée de riz, de clous, de farine et de pétrole. Elle ne connaît que la vaste cave dans laquelle nous avons entassé nos biens avant de les répartir soigneusement dans les caisses et les cantines. De mes démarches elle ne sait que des mots : poulies, cordages, cages, nacres.

Car je veux donner un sens à ce voyage. Je veux une aventure dans l'aventure et, dans ce but, j'envisage de jeter les bases d'une ferme maritime. Je désire créer un élevage de nacres, ces huîtres géantes qui élaborent, au plus secret des lagons, les magnifiques et incomparables perles noires de Polynésie.

J'ai confiance, mais je dois avouer comme un doute, tout au fond de moi, là où personne n'accède. Est-il raisonnable de vouloir faire tout cela seulement nous deux, Danièle et moi ? N'est-ce pas pure folie ? Et si j'étais venu seul, comme prévu depuis longtemps... Si je n'avais eu la chance de rencontrer Danièle, si je n'avais trop parlé, trop fait rêver.

À quoi bon ces réflexions maintenant ? La journée s'annonce rude. Pour l'instant tout va bien, en dépit du voilier qui roule de plus en plus. Il ne soulage pas à la lame comme il devrait. Il est trop lourd, trop chargé par tout notre équipement.

À l'avant tribord, bien calé sur des pneus, le canot sert de refuge à une minuscule ménagerie. Au rythme inlassable du tangage et du roulis, une brouette, des pelles, des pioches, des haches, des barres à mine et plusieurs jerricans d'eau douce écrasent les cages de quelques pigeons et poulets. C'est là que se cache Siki, une petite chienne noiraude, tremblante de froid et d'angoisse, attendant que cette croisière prenne fin.

Face à ce premier canot, à l'avant bâbord, adossée au haubanage, notre propre baleinière en aluminium domine un entrelacs de caisses et cantines de vivres, d'outillage, d'apparaux de pêche et de plongée. Puis viennent deux drums d'essence, une touque de pétrole, un moteur hors-bord, des bouteilles de plongée, un compresseur, un groupe électrogène, des panneaux solaires. Tout est solidement arrimé aux pieds des mâts, aux chandeliers, aux filières, aux mains courantes, gênant considérablement les manœuvres.

Une grosse malle étanche encombre la presque-totalité du cockpit. Elle contient les matériels radio, photo, cinéma, deux fusils de chasse et quelques bouquins.

Un réfrigérateur destiné à la conservation des films interdit tout accès aux toilettes du capitaine. De la même façon une cinquantaine de plants d'arbres fruitiers occupent totalement les toilettes du poste avant. Sur le pont arrière, treuils, poulies, câbles, bâches, tuyaux, tôles et gouttières, autant de choses indispensables...

Le bateau peine. C'est un yacht et nous l'avons transformé en cargo. Il ne faudrait pas que la mer devienne méchante.

CHAPITRE II

Le débarquement

Danièle mettra longtemps à voir l'atoll. Elle fouille l'océan sans accrocher sur l'infime différence suspendue tout là-bas sur l'horizon. Aperçue l'espace d'un instant, l'île profite de chaque creux de vague pour disparaître. Mais insensiblement nous gagnons sur elle. Le trait s'épaissit, se stabilise. Peu à peu la côte nord se devine, tailladée de larges échancrures, puis, au-delà du lagon invisible, la côte sud se dégage lentement.

À mesure que nous approchons, les plumets des cocotiers se détachent au sommet d'une plage de blocs coralliens gris et grossiers. Les oiseaux nous survolent, de plus en plus nombreux. De temps à autre un groupe de poissons volants s'enfuit devant l'étrave. Et bientôt, entre la terre et nous, apparaît le récif sur lequel s'écrasent les vagues, sur lequel il va falloir engager nos baleinières.

— À quoi penses-tu ? demande Danièle.

— Au débarquement.

Tout est dit. Le débarquement, c'est l'impact avec l'atoll. Un moment fort et dur.

Lentement nous longeons le récif à la recherche d'un haut-fond suffisamment éloigné des déferlantes pour permettre au ketch d'éviter sur son ancre. Tous aux aguets, nous fouillons la couleur de l'eau, à la recherche d'une tache d'un bleu à peine moins profond que l'océan, d'une tache qui ne passerait pas trop rapidement au bleu roi puis au vert pâle qui signale déjà l'accore du récif. Ces hauts-fonds existent çà et là, rares, mais ils existent. Le nôtre apparaît bientôt.

À deux reprises, le voilier vire de bord pour permettre d'en préciser les contours. Ça ira.

— Mouillez, ordonne Delanne.

Instantanément libérée, la chaîne cliquette à toute vitesse dans son chaumard, poursuivant l'ancre qui disparaît aussitôt. Nous crochons à l'extrême limite du possible. Plus près de la côte, le bateau risquerait de talonner ; plus loin l'ancre se balancerait dans le vide. La marge se joue sur une vingtaine de mètres. C'est peu.

« Imagine une fantastique cheminée de corail jaillie de l'océan, assise sur un socle volcanique dont la base se perd à plus de quatre mille mètres de fond. Au cours des millénaires, le volcan s'est enfoncé lentement tandis que les madrépores ont proliféré à fleur d'eau, réalisant une mince couronne de terre calcaire. Tout autour la mer. Au centre le lagon, vestige du volcan englouti... »

Danièle se souvient de ma lettre, mais le temps n'est plus de rêver. Il s'agit de débarquer.

Nous basculons une baleinière par-dessus bord. J'y prends place. On me donne le moteur, la nourrice, les rames, le seau, le mouillage, les dames de nage. C'est tout. Ne connaissant pas le comportement de mon bachot sur le récif, j'opte pour un premier essai d'atterrissage sans chargement. Puis je hèle Tané.

Devant nous bientôt, le mur de corail. Il s'interrompt brutalement par une table rocheuse — le platier — qui cerne la grève comme le rebord d'un chapeau. C'est là que nous devons atterrir. Auparavant il faudra affronter le tranchant du récif. Des aspérités, des failles, des crevasses, des crêtes, des mamelons, des pièges de toutes sortes faits de coraux et d'algues calcaires, durs comme du granit, coupants comme des rasoirs, en défendent l'accès. Les vagues s'y brisent, inlassablement.

Je me souviens de l'endroit exact où avaient débarqué les marins des goélettes lors des expéditions précédentes. Ce point se situe sous les vents dominants, à l'extrême nord-ouest de l'atoll où le récif s'adoucit quelque peu.

Nous flottons, soulevés par la houle, à la limite où les lames, freinées par l'ascension de la roche vivante, s'enflent, courbent l'échine, basculent, déferlent et s'écroulent avec fracas.

Nous flottons à la limite de la succion du ressac. Nous restons là, fétus de paille ballottés à la frontière des assauts infiniment répétés. Nous attendons, nous observons, nous nous imprégnons de la mer. Les minutes passent, et, peu à peu, j'oublie la présence de mon équipier. Je me sens grandi, magnifié. Ma joie est totale. J'épouse le mouvement de la mer. Je suis grisé par le grondement du récif, le balancement des vagues, éclaboussé jusqu'à l'âme par les embruns d'eau et de lumière.

J'engage le bateau.

Il s'élance en équilibre précaire, ne s'appuyant qu'à mi-coque sur la lame, son nez pointé en surplomb.

Au-dessous, la vague accélère, s'étire, s'amplifie, et rapidement s'arrondit, culbute et déferle. En profondeur, elle a buté sur l'écueil, tel un cheval sur l'obstacle.

Le fracas, le bouillonnement, moteur hissé avec un « han » de bûcheron, une seconde d'incertitude, et déjà la quille heurte le corail.

C'est brutal. Nous sentons la chaloupe cogner encore, puis racler et souffrir sur le socle rocheux.

Toujours sur sa lancée, elle court à la côte, poussée, accompagnée, dépassée par des gerbes d'écume.

Tané et moi avons sauté et courons à présent de part et d'autre de l'esquif, agrippés aux plats-bords, vite, en profitant des vagues, pour l'éloigner le plus rapidement possible des déferlantes qui enfournent par l'arrière.

Mais le platier est traître. Une crevasse invisible me déséquilibre, au point que je passe à mi-corps sous la baleinière, ballotté entre la quille et la roche, les mains cependant soudées au liston, dans l'effort d'un rétablissement. J'appréhende le choc, je m'imagine avec lucidité entre l'enclume et le marteau, les jambes broyées, le bassin peut-être aussi.

Non, ce serait trop bête, pas maintenant alors que tout commence, après une si longue attente, une attente qui remonte jusqu'à l'enfance. Ma volonté se cabre. Je rassemble toutes mes forces pour parvenir à me dégager.

Enfin, après une peine et un temps infinis, nous voilà hors d'atteinte. À présent plus rien ne presse, nous hissons lentement l'embarcation au sec, nous regardons derrière nous, longuement, puis nos regards se croisent, nos sourires aussi. Nous grimpons à la cocoteraie jeter un coup d'œil sur ce qui sera notre décor à Danièle et à moi. Puis nous tentons de rejoindre le ketch.

— Qu'est-ce qu'ils fichent là-bas ? fulmine Delanne. Passez-moi les jumelles.

— Ils prennent le soleil, répond Ricardo.

— Non, ils ne réussissent plus à repartir, la mer est trop forte. Il faut mettre la deuxième baleinière à l'eau.

Danièle ne dit rien. Elle se démène sur le pont à larguer des nœuds, lover des cordages, charrier des ballots. Delanne et Ricardo ne chôment pas non plus. Tous trois ont suivi de trop loin la scène de l'accostage pour en mesurer la difficulté. Nous étions passés, c'est tout. Il leur tardait maintenant que nous retournions à bord pour charger, débarquer, réembarquer, recharger... *ad nauseam.*

Débarrassés des bâches protectrices, les colis encombrent le moindre espace, de sorte que le lougre ressemble à un marché aux puces flottant. Une fois de plus, Delanne rouspète. Hier Ricardo a failli dérégler le sextant en prétendant le recaler au plus juste. De quoi se mêlait-il ! Le sextant est faux et alors ? On en tient compte, c'est tout. À présent c'est le souk à bord, avec en prime un canot bloqué à peine débarqué.

— Allez, *faaitoito*[1]. Tiens le *kau*[2] bien droit. Quand je crie, tu pousses et tu sautes au dernier moment. Il faut retourner au bateau.

— On peut pas, *Taote*[3], on peut pas, répète Tané. Ça va pas. *Mea ino roa*[4].

Il est vrai que la manœuvre du départ est encore plus hasardeuse que celle de l'atterrissage. Le moteur est inutilisable car l'hélice se briserait sur le platier. Il faut se déhaler aux avirons. Auparavant, amener la baleinière le plus près du tombant, à la limite du possible, la proue bien perpendiculaire pour offrir aux vagues la moindre résistance. Puis patienter, guetter l'instant favorable.

Nous attendons ainsi cramponnés à la coque, tandis que le bouillonnement des déferlantes bouleverse sans cesse notre tactique. Dès que le canot se présente un tant soit peu par le travers, la poussée des lames devient telle qu'elle nous refoule loin en arrière sur le platier. Et tout est à recommencer.

Les vagues succèdent aux vagues, vingt, cinquante, cent, ou plus, lorsque enfin un train d'ondes plus faibles semble frapper le récif. Nous sommes là, fixés sur la houle, muscles bandés, à nouveau dans la tension de l'action totale. Déjà une première lame brise un peu moins fort. La deuxième soulève l'esquif à son tour. C'est l'instant précis et infime du possible. Tous deux, comme un seul homme, nous poussons un rugissement, nous nous ruons vers le large, courons, arrachons le canot vers le tombant. Le sol se dérobe, je saute à bord, instantanément calé sur le banc de nage, les jambes raidies sur une varangue, les bras soudés aux avirons à peser sur eux de toutes mes forces. Dans l'instant qui suit, Tané perd pied. Lui aussi se hisse à bord au moment même

1. *Faaitoito* : courage.
2. *Kau* : chaloupe.
3. *Taote* : docteur.
4. *Mea ino roa* : (littéralement) chose très mauvaise.

où le ressac entraîne l'embarcation vers le large, vers le choc de la vague suivante qui nous fera cabrer bien droit, rigoureusement perpendiculaire à elle, ou au contraire qui, dans l'écroulement de toute sa masse, nous fera gîter et pivoter avant de nous rejeter par le travers sur le socle corallien que nous venons de quitter.

Quatre fois déjà la mer nous a refoulés et nous sommes toujours sur le platier. À présent le doute a envahi Tané. Originaire de l'atoll de Hao où une large brèche d'eau profonde déchire le corail, il n'a jamais connu la nécessité d'affronter le récif. Lorsqu'il suffit de s'engager dans une passe, quel homme serait assez fou pour risquer son bateau et sa peau dans les dures conditions que nous subissons aujourd'hui ? Et même alors, même dans une passe, le risque existe...

Il n'est d'île qui ne compte ses disparus. Il n'est de Paumotu qui ne se souvienne de blessés graves et de morts, écrasés sous une chaloupe. Le chavirage d'une baleinière provoque souvent un naufrage plus dramatique que celui d'une goélette ou d'un gros bateau car l'impact, le choc, la casse y sont instantanés.

Quatre fois déjà la mer a refusé, quatre fois elle nous a rejetés comme une balle prise en revers, mais sans nous faire chavirer jusqu'à présent. Je veux essayer encore. Avec plus de patience, plus d'attention, plus de détermination dans l'élan du départ, nous réussirons, j'en suis certain... Je ne réussis pourtant pas à convaincre mon compagnon. Et si à deux nous ne pouvons presque rien, seul je ne pourrai rien du tout. Il faut se résigner. Nous devons attendre du renfort.

Du ketch se détache bientôt le deuxième canot, un petit Boston Whaler en fibre de verre, renforcé par des patins et vaguement ponté. À l'avant, juché sur un lot de tuyaux, Ricardo entame sa première expérience du récif. À la barre se détache Delanne, homme de décision, auquel un quart d'heure d'attente et d'observation suffit pour estimer le risque de l'atterrissage avec un tel chargement.

Il envoie la batelée par-dessus bord, aussi près que possible du tombant, sur un petit fond où je devrai la récupérer ultérieurement. Puis à son tour, il guette longuement, très longuement la bonne vague, s'élance enfin et accoste, aussitôt happé par Tané et moi-même.

Nous voici donc quatre.

— Rien de cassé ? demande Delanne.

— Non, ça va, mais nous manquons de bras, la mer est trop forte pour sortir à deux. Le temps de sauter aux rames, tu repars déjà à la côte. C'est trop dur.

— Et à quatre ?

— Oui, à condition de forcer, ça devrait aller. Surtout qu'au départ nous serons à vide. Mais il ne faudrait pas que le temps se gâte davantage, ça sera juste.

— Bon, on y va, Ricardo, tu comptes sept vagues.

L'atmosphère se détend. Nous rions de bon cœur. Quelle blague, cette histoire de la septième vague ! Une légende. Le chiffre sept, le chiffre magique. Combien de fois ai-je entendu professer cette fable, le plus sérieusement du monde !

Nous tentons le coup avec le Boston. A bord, Delanne déjà chevillé aux avirons, le dos à la vague. Dans l'eau, à l'avant à droite, Ricardo. Derrière lui, Tané. Moi, à l'avant du flanc gauche. Les minutes passent dans le va-et-vient des déferlantes, lorsqu'une lame soudainement plus forte soulève le canot et le projette en arrière. Je tire à moi pour tenter de maintenir l'étrave dans l'axe, mais de son côté Ricardo lâche tout et se gare, aussitôt imité par Tané. Du coup le bachot pivote autour de moi, s'incline sur le flanc gauche et, catapulté vers la plage, me passe complètement sur le corps. Dans l'eau, sous la coque, j'ai conscience d'être emporté, pantin impuissant, craignant le choc, attendant que ça craque, aux jambes, au tronc, à la tête peut-être. Autant que faire se peut, je me mets en boule, les muscles raidis au maximum, et je roule, je flotte, je cogne, tantôt au bateau tantôt au corail, tourbillonnant comme un bouchon ivre, pour me retrouver enfin, hébété, écorché, mais debout, à contempler la chaloupe qui poursuit sa course.

Delanne est ivre de rage. Il accable le malheureux Ricardo d'un flot d'injures, s'acharne sur la « lâcheté » de son matelot, « responsable » de ma dramatique situation. Il abandonne toute retenue. Il oublie totalement l'inexpérience de son équipier, aggravée par celle du jeune Paumotu. Il n'imagine pas enfin que cette avalanche d'imprécations risque de créer une situation nouvelle, dans laquelle nous devrons peut-être nous passer de l'aide de notre ami chilien qui, dégoûté, refusera de poursuivre son effort. Je redoute un blocage irréversible. Je me souviens des conséquences de l'explosion haineuse d'un compagnon, il y a quelques années. À l'instant, cette image me frappe comme un flash douloureux. Jamais plus nous n'avions retrouvé davantage qu'une stupide politesse de circonstance. Jamais plus je ne veux connaître une telle issue.

— Ça suffit ! Ces gars-là débarquent. Je n'avais qu'à filer moi aussi. Allez on remet ça sinon nous serons encore là cette nuit.

C'est vrai, je n'avais qu'à être plus prudent. Par deux fois déjà, aujourd'hui, j'ai frôlé l'accident grave. La chance ne restera pas éternellement de mon côté. Je jure de ne plus me laisser surprendre.

Le temps n'est pas à l'affrontement entre hommes. D'ailleurs Delanne se radoucit tout aussi vite qu'il s'était emporté, secrètement honteux, je l'espère.

Nous arrachons enfin le petit bateau au récif. Le véritable débarquement peut commencer. Il est environ 14 heures.

À bord du *Kébir*, Danièle prépare le matériel. Delanne et moi effectuons les rotations, les deux autres nous cueillent sur le récif et nous aident à en repartir. Des cantines d'abord, si lourdes que deux hommes suffisent à peine à les hisser. L'outillage, les conserves, les batteries, les cartons d'alimentation, un peu de vin, des tôles, des gouttières, des panneaux de bois, des chevrons, etc. Dieu, que cela pèse ! Était-ce vraiment nécessaire de charrier tout cela ?

Le vent tourne et forcit. D'heure en heure la mer grossit. Après quatre ou cinq rotations, il nous faut abandonner ce premier point de débarquement devenu impraticable.

Là-bas, plus à l'est, le récif se découpe providentiellement en une toute petite échancrure, hélas hérissée au beau milieu par un éperon qui découvre à chaque vague. Une plage de galets malcommode lui fait suite. Nous sommes à cinq ou six kilomètres du *Kébir* et de la future zone d'habitation, mais c'est ici ou nulle part.

Il faut accélérer la cadence, débarquer au plus vite, au moins l'indispensable. Il est déjà 18 heures, et demain il sera peut-être trop tard. Chaque rotation dure près d'une heure.

Je prends le risque d'un énorme chargement.

Après avoir évité d'extrême justesse la chicane si mal plantée, pile au milieu du passage, le bachot touche durement dans les galets et s'immobilise aussitôt. La houle s'y engouffre avec une régularité de métronome transformant instantanément le youyou en baignoire.

— Vous êtes fous, complètement fous. C'est pas vrai, ce sont des fous. Des fous...

Ricardo n'en croit pas ses yeux, il proteste de toutes ses forces, clame son indignation.

— Vous êtes des fous. Des fous...

— La ferme et grouille-toi. Tout va être trempé. Non pas ça. Le compresseur d'abord. Je me fiche des panneaux. Le compresseur j'ai dit. Tané, laisse les bouteilles, attrape les cartons. Qu'est-ce que vous avez donc dans le crâne ?

— Des fous, ce sont des fous...

— Plus vite, tout va être noyé.

Dans l'eau jusqu'aux cuisses, je maintiens la baleinière tant bien que mal dans un remous incessant, pendant que Ricardo complètement nu, une idée à lui, trébuche sur les galets qui se dérobent sous ses pieds, puis s'essouffle dans les quelques mètres de pente pour mettre hors d'atteinte nos biens les plus précieux.

Tané ralentit la cadence, il n'en peut plus. Il ne comprend pas, il se demande d'ailleurs ce que nous sommes venus faire ici. Mais il n'en laissera rien paraître. S'il est une qualité chez les Paumotu ou les Tahitiens, c'est bien la discrétion. À nous autres, *Popaa* [1], de donner de la voix et du geste, à eux l'efficacité dans le silence... jusqu'à un certain point pourtant, précis : jusqu'au *fiu* [2]. Pourvu qu'il ne craque pas encore. Si jamais il se déclare fiu, c'est fichu, il ne bougera plus le petit doigt, et alors tant pis pour l'échec, pour la honte, pour la paye, tant pis pour tout !

Sagesse ou défaitisme ? Après quinze ans de médecine dans ces parages, je ne saurais décider. Je constate. Un travail, un mari, une action, tout peut subitement devenir fiu. Le mot une fois prononcé se charge d'une puissance de renoncement total.

Mais le soleil plonge rapidement, là-bas à l'ouest. Le crépuscule ne dure guère sous les tropiques. Dans dix ou quinze minutes il fera nuit. Delanne balance encore un lot de tuyaux à la mer. Quand pourrai-je les repêcher ?

— Allez, on rentre. Ça suffit pour aujourd'hui.

— Minute, j'ai une surprise.

Et Ricardo de brandir deux magnifiques crabes de cocotiers que Tané lui avait déjà appris à débusquer.

— C'est bon, affirme Tané.

Peu lui importe que cet animal soit en voie de disparition. Ça se mange, voilà l'essentiel. Aucun Tahitien ne résiste devant la capture d'un *kaveu* [3] pas plus que devant celle d'une tortue d'ailleurs.

On embarque les crabes.

1. *Popaa* : homme blanc.

2. *Fiu* : y en a marre.

3. *Kaveu* : crabe de cocotier, *Birgus latro.*

Sur le ketch, Danièle nous accueille, épuisée. Elle a assuré la garde du bateau, surveillant la bonne tenue de l'ancre, jaugeant l'évitage, une corne de brume à proximité pour nous alerter en cas de besoin. Elle a surtout aidé à hisser d'innombrables paquetages depuis les cales ou le pont jusque par-dessus les filières. Elle n'a même pas pu se reposer de son mal de mer. Elle est exténuée.

Mais son étonnement devant les crabes fait plaisir à voir. Voilà donc ce qui nous attend, ces espèces de blindés articulés aux formidables pinces... Elle n'est pas au bout de ses surprises!

Harassée, nauséeuse, mais sans amertume ni défaitisme, elle trouve encore la force de mettre le couvert. Pendant ce temps, Ricardo fait cuire ses prises, Delanne tripote la radio, Tané se douche. Je ne tarde guère à en faire autant.

Au dîner, nous mangeons à gestes lents et pesants. Quelques mots, pas de vraies phrases.

— C'est dingue, ce débarquement!

— On a eu une sacrée chance de ne rien casser.

— Faudra retourner sur la côte est demain.

— Dans un mois tout ce matériel sera encore là. Je vous souhaite du plaisir!...

— Bon, on va se coucher.

— Pour la veille, on reste comme avant : Paul de 8 à 10, Ricardo de 10 à 12, je prends de minuit à 2 heures et on recommence. Ça va?

Les étoiles, l'île toute proche, le grondement du récif et cette fatigue qui m'assomme...

Que c'est long jusqu'à 10 heures!

1

1. Le *Kébir* paré pour le grand voyage (Ph. P. Zarlenga)

2

2. Paul et Danièle à bord. Dans le sillage Mooréa. — **3.** Le débarquement, c'est l'impact avec l'atoll

3

CHAPITRE III

Seuls sur l'atoll

4 décembre 1982 à 14 heures.

Toute cette matinée encore, les baleinières avaient dansé un rude ballet sur le récif. La mer s'était creusée depuis hier et, sur le platier, elle brisait avec force.

Danièle, embarquée à la dernière rotation, s'était jetée à l'eau pour gagner la rive à la nage et soulager le canot au maximum. Comme une impression de baptême.

— *Maitai ta oe vahiné* (Elle est bien ta femme), m'avait lancé le jeune Paumotu avant de plonger à son tour.

Puis Ricardo avait suivi. Ils seraient trois à me prêter main-forte dès l'accostage.

J'avais alors engagé mon bachot en alu pour la dernière fois puisqu'il devait rester à terre avec nous. Bon Dieu, quel passage ! Les poulets, les pigeons, la chienne, les arbustes, tout avait été instantanément roulé et noyé. Nous n'avions eu que le temps de sauver les volailles et d'extraire les plants déjà en piètre état. La petite chienne s'était enfuie et tremblait de peur là-haut sur la plage.

Au large, Delanne attendait sur son Boston que ses deux gars le rejoignent à nouveau à la nage après cet ultime atterrissage. Restaient les deux fûts d'essence. Sans hésitation, Delanne les avait balancé par-dessus bord. À moi de les récupérer, toujours à la nage, un filin entre les dents.

À présent c'est fini. Le *Kébir* a viré son ancre. Les hommes ont envoyé la voile et commencent à faire route. Une longue plainte couvre le grondement du récif. Là-bas, à la façon des Maori de jadis, Delanne souffle dans une conque, à s'en faire péter les jugulaires. Par trois fois nous parvient son adieu, sourd, grave, douloureux, et nous restons là, Danièle et moi, campés sur la rive, écrasés d'émotion, les yeux soudés au navire qui s'éloigne.

Seuls. Nous sommes seuls sur l'atoll.

Nous n'avons rien prévu pour le quitter. Nous n'avons contacté aucun navire, arrêté aucune date, fixé aucun rendez-vous, pas même une vacation radio. Nous ne savons pas quand et comment nous pourrons rejoindre un lieu habité.

L'immensité de notre solitude nous enveloppe comme un manteau. Désormais, toute pensée, toute action auront des implications concrètes sur la réussite de cette aventure et peut-être sur notre survie elle-même. Je me sens responsable de Danièle et de mes deux enfants restés à Tahiti. Interdiction de faire un faux pas, d'être victime d'un accident, d'un état d'âme. Je perçois avec acuité le danger de trop penser. Cette pensée qui freine plus qu'elle ne stimule. Il n'est plus temps de sombrer dans l'analyse. Le voyage intérieur, oui, mais à condition de le brider dans l'action.

— Allez ! On ramasse le matériel photo et ciné, et on le porte là-haut sous cet arbre. Faudra aussi mettre le compresseur à l'abri.

— Paul, regarde ces pauvres bêtes !

— Tu as raison. Commençons par les poulets.

Pas le temps de souffler ni de contempler le paysage. Nous sommes encore imprégnés du passage du récif, comme à l'issue d'une épreuve initiatique, que déjà s'imposent de nouvelles tâches, de nouvelles fatigues.

La côte où nous venons de prendre pied forme une longue ligne droite d'environ trois kilomètres. Après le récif, la plage grimpe en pente douce jusqu'à un maquis d'épineux clairsemés, généralement désignés sous le nom de *miki-miki*[1]. Celui-ci fait un premier écran devant la cocoteraie située au sommet du relief, c'est-à-dire vers trois mètres d'altitude. Les troncs chétifs de cette cocoteraie témoignent de leur abandon et de leur exposition aux embruns, aux mauvais temps. Très peu de belles noix dans ces parages. Par contre une brousse inextricable de pandanus dont les palmes griffues tapissent le sol sur une épaisseur de près d'un mètre. Çà et là quelques arbres, essentiellement des *kahaya*[2] et des *tafano*[3]. Dès la crête passée, le terrain redescend en pente encore plus douce jusqu'au lagon dont les abords immédiats sont colonisés à nouveau par du miki-miki, mais en touffes drues, serrées, souvent impénétrables.

De l'océan au lagon le sol est malaisé. Au mieux un gravier grossier, vite remplacé par des galets et surtout par des blocs anfractueux de tout calibre, arrachés au récif, roulés par les tempêtes. Le sable ou la terre n'existent pratiquement pas, tout au plus une pellicule d'humus formée par les jonchées de palmes et de plantes grasses rampantes, enrichie de place en place par le guano.

La zone où je projette d'établir le campement se situe à cinq ou six kilomètres.

Nous empoignons les cages toutes cabossées. Les oiseaux semblent abrutis par le voyage, la chaleur, la douche salée de l'accostage. Ébouriffés et résignés, ils font pitié. Un arbre étend son ombre non loin d'ici. Nos volailles y trouveront un peu de réconfort.

Le long cheminement sous les fardeaux commence. Nous ne le savons pas encore, mais nous entreprenons à l'instant un programme de portefaix qui n'aura plus de fin.

1. *Miki-miki* : *Pemphis acidula*, et, par abus de langage, tous les épineux en broussaille d'un atoll.

2. *Kahaya* : *Guettarda speciosa.* (Pas de nom en français.)

3. *Tafano* : *Messerschmidtia argentea.* (Pas de nom en français.)

Les objets les plus menacés d'abord : les mallettes caméra et photo. Jusqu'à présent nous n'avons pas eu le temps, ni surtout les bras libres, pour prendre un bout de film ni même faire une seule photo. Dommage ! Le compresseur et l'outillage pour réaliser les travaux sous-marins projetés. Quelques cartons de nourriture : tout cela est porté en haut de la plage, à l'ombre et à l'abri, sous des suroîts ou des toiles en plastique.

L'heure tourne et la curiosité bientôt nous tenaille.

— *Das kann ich kaum glauben* (je peux à peine le croire) avait répondu Axel Frühbus.

C'était pourtant vrai, nous partions le lendemain pour Ahunui, d'où il venait tout juste d'être rapatrié. Le malheureux skipper avait fait naufrage, à mi-chemin entre les Gambier et Tahiti, en pleine nuit, probablement par excès de confiance dans sa navigation.

Il venait d'arriver à Tahiti et avait été hébergé à l'autre bout de l'île. Plus le temps de faire connaissance — départ dans vingt-quatre heures. Nous avions seulement pu échanger quelques mots par téléphone. Frühbus était encore sous le choc de la perte de son bateau. Ahunui, un caillou inhospitalier, sans hommes, sans secours, sans eau, sans rien, qu'il avait voulu quitter au plus vite. Et voilà que je lui annonçais notre intention d'y séjourner pour une durée indéterminée. Apparemment une histoire de fous.

À quinze jours près, nous nous serions rencontrés.

— Viens, Danièle, on va voir le *Yin-Yang*, de toute façon on ne pourra pas tout faire aujourd'hui.

Une heure de marche qui nous éloigne encore plus vers l'est.

Le voilier est là. Planté sur le récif, bien droit, la quille prisonnière dans une faille, presque à sec, à peine ébranlé par le clapot de la marée basse. Il s'agit d'un cotre en acier, de onze mètres. La grand-voile est ferlée, par contre les trinquettes jumelles sont encore à poste, mais en piteux état. La coque est éventrée sur tout son tiers postérieur, le safran arraché, l'hélice disparue.

Nous grimpons à bord. Sur le pont, tout semble intact : le mât est nanti de tout le haubanage, les manœuvres renvoyées dans le cockpit d'où le barreur peut régler les voiles bien à l'abri, le gouvernail automatique solide, fiable, la descente bien protégée par une coupole en plexiglas.

Notre surprise va croissant lorsque nous pénétrons dans la cabine.

— Que c'est chouette là-dedans.

Un vaste carré, flanqué d'un côté d'une table à cartes, de l'autre du coin cuisine. Vers l'avant, une magnifique table basse et, dessous, des coffres à rangement. Tout autour s'alignent des banquettes garnies de coussins moelleux. On vivait assis en tailleur, à bord.

Puis le poste avant, plus classique, tendu d'un hamac pour enfant. Frühbus voyageait en compagnie de son épouse et d'un bébé. Du bois de teck partout, des petites lampes à pétrole en cuivre, une bibliothèque, des objets décoratifs. Tout est intelligent et fignolé dans le plus petit détail.

Ce bateau me plaît ! Il brille dans mes yeux comme aucun ne l'avait jamais fait. Mais, quel dommage ! tout est sens dessus dessous. Le choc a été rude. Les cloisons sont disjointes, certaines portes arrachées, de nombreux rangements cassés, disloqués. L'eau affleure le plancher où flottent des vêtements, des conserves, des outils : c'est un affreux gâchis.

J'imagine la détresse de ce couple d'avoir perdu en l'espace d'un instant ce bel objet, d'avoir brisé le voyage, anéanti le rêve et l'action. Bien sûr ils s'en sont sortis indemnes. Mais physiquement seulement. Pour le reste, ça doit être lourd !

— Dommage que nous n'ayons pas déjà été là.

Danièle semble sceptique.

— Qu'est-ce que nous aurions pu faire ?

— Lui donner un coup de main ! Essayer de hisser le yacht sur le platier et si possible même sur la plage ! Tâcher de réparer ! Il y a tout ce qu'il faut à bord, tu vois bien : de la tôle, des boulons, un poste de soudure et tout le reste.

— Et comment l'aurais-tu tiré là-haut ?

— Je ne dis pas que nous aurions réussi, mais je suis sûr qu'à quatre nous aurions pu alléger le bateau, en le déchargeant totalement. Ensuite il aurait fallu fixer des rondins sous la quille, et haler sur tout ce qui est possible : le guindeau [1], les winches [2], les poulies et nos deux treuils, tout en même temps.

— Ça doit être extraordinaire de rencontrer deux personnes quand on fait naufrage sur une île qu'on croit déserte... Peut-être qu'une simple soupe chaude leur aurait fait du bien.

— J'ai de l'estime pour ce gars. Tout est pensé, tout est fini avec soin. Je n'imagine pas qu'on puisse acheter un tel bateau. C'est lui qui a dû faire le travail. Tout ça pour finir sur un récif !

— Et nous ? Ne sommes-nous pas aussi comme des naufragés ?

— C'est vrai. Il y a même l'épave. Maintenant allons-y, nous avons pour plus de deux heures de marche. Nous reviendrons.

Là-bas, notre point de débarquement ressemble effectivement à un naufrage. Du haut en bas de la plage, des affaires disséminées, sans ordre.

Au passage nous ramassons une bâche, des biscuits secs, une boîte de pâté, une bouteille d'eau, quelques ustensiles, un survêtement sec pour chacun de nous.

Au moment où le soleil disparaît, nous atteignons le campement que j'avais édifié lors de mon troisième voyage, au début de 1980. De la vaste cabane en palmes tressées — nous étions à l'époque neuf personnes — ne subsistent que des pans effondrés, inutilisables, résultat de l'œuvre destructrice de la dépression Diola, en novembre de la même année. Par contre, les piquets, sur lesquels nous avions tendu une voile pour protéger le matériel, soutiennent encore la faîtière. Tout est pourri, bran-

1. Guindeau : treuil horizontal.

2. Winch : treuil vertical.

lant, mais pour une nuit ça ira. Vite avant l'obscurité, je déroule la bâche. Du provisoire qui durera une semaine.

Pendant ce temps, Danièle tartine quelques crackers que la petite chienne grignote avec nous. Puis nous nous couchons aussitôt.

Nous sommes épuisés.

CHAPITRE IV

Le premier feu

Le soleil est déjà haut. Les sternes blanches par petits groupes de deux ou trois se poursuivent et virevoltent, tantôt là-haut dans le bleu, tantôt sur la crête des vagues. De temps à autre un couple revient se percher dans les branches d'un kahaya. Une pause. Un troisième larron apparaît, et les revoilà tous à tracer des arabesques de leur vol si particulier, un peu haché, hésitant, semblable à celui des papillons. Çà et là un noddi à front blanc remonte le vent au ras du platier, pour fondre soudain sur quelque menu fretin. Puis, se laissant porter par la brise, il s'élance vers son point de départ et recommence le même manège.

Assis sur nos couches, nous observons nos nouveaux compagnons. Nous manquons d'entrain. La chienne, lovée en boule noire à nos pieds, semble prostrée.

— Alors Siki, bien dormi ?

— Allez debout, hop debout.

Elle nous regarde l'un et l'autre, en fronçant les sourcils, une muette interrogation dans les yeux. Elle n'a probablement apprécié ni le voyage ni le débarquement et ne semble pas aimer non plus son nouvel environnement. Elle se comporte comme un animal incrédule, blessé, résigné. N'y aurait-il pas d'atavisme, de retour instantané à la vie primitive ? L'empreinte de l'homme serait-elle puissante au point que cette jeune chienne se laisse dépérir, avant même d'essayer de se débrouiller ?

Et Danièle, comment se comporterait-elle, si elle se trouvait ici toute seule ? Et moi ? Moi qui envisageais la solitude ?

C'est pourtant simple. Ne pas raisonner. Refaire les gestes appris. Bouger.

— Danièle, sois gentille de préparer un feu. Pendant ce temps je vais aller sur le récif ouvrir une cantine et rapporter de quoi déjeuner.

Le premier point de débarquement est à moins de deux kilomètres. À cet endroit, un *hoa*[1] large de près de huit cents mètres fait suite au platier. Les grosses houles y dessinent leurs avances extrêmes en couleurs sombres ; au-delà le corail redevient gris pâle. Çà et là, des blocs énormes, amenés par quelque tempête. Vu leur coloration, cela doit remonter à longtemps, peut-être au cyclone de 1906. Toute l'île n'est que souvenirs d'ouragans et raz de marée.

Mauvaise surprise ! L'une des cantines a souffert au déchargement. Tailladée par quelque aspérité d'algue calcaire ou de corail, la tôle endommagée a perforé l'enveloppe étanche intérieure, faite d'une bâche de plastique armé. Dedans : une poisse de sucre fondu, des biscuits en bouillie, des haricots, des lentilles et tout le reste en marmelade inutilisable.

Ce n'est pas très grave car nous avions réparti nos victuailles, précisément pour cette éventualité. À quoi bon avoir cinq kilos de café sans un morceau de sucre ? De même, pourquoi ouvrir toutes les cantines pour composer un repas ? Nous pouvons tolérer quelques pertes car la visite du *Yin-Yang*, hier après-midi, nous a assurés d'une manne substantielle et, de toute façon, les autres colis paraissent intacts.

Rapidement je défais une deuxième malle et, chargé de tout ce qu'il est possible de porter, je rejoins Danièle.

1. *Hoa* (mot maori passé dans la langue française) : sur un atoll, chenal par où la mer communique avec le lagon lors des marées hautes ou à l'occasion des tempêtes.

— Tu penses que ça va brûler comme ça ?

Aussi incroyable que cela paraisse, Danièle ne sait pas préparer un feu. Elle a empilé quelques branchettes et craqué déjà la moitié d'une boîte d'allumettes. À ce rythme-là, notre provision fondra en quinze jours.

— Il faudrait du papier et il n'y en a pas.

— Mais non, regarde. D'abord tu prépares une touffe de palmes bien sèches que tu roules serrées. Si tu n'en trouves pas, tu tailles une branche en copeaux très fins, comme ça, sans les détacher. Tu mets des brindilles dessus, puis des baguettes un peu plus grosses, enfin ta « forêt ». Puisqu'il y a du vent, tu utilises directement deux allumettes à la fois et tu t'abrites. Voilà !

Quelques minutes plus tard, un thé brûlant nous réchauffe le cœur. Siki reçoit une pleine boîte de pâté. Je la veux joyeuse. C'est parti, elle remue la queue.

Dans la cocoteraie, à mi-chemin entre l'océan et le lagon, au point culminant, c'est-à-dire vers trois mètres de haut, se dresse une antique masure flanquée d'une citerne.

Les constructions remontent à 1929 ainsi qu'en attestent les nombreux graffitis. À cette époque l'île appartenait, paraît-il, à une société néo-zélandaise qui avait tenté une vaste plantation de quelque 30 000 cocotiers. L'affaire n'a guère eu de suite, sans doute du fait de l'isolement et de la difficulté d'accès. N'empêche que les bâtisses et les cocotiers sont toujours là : pour nous ils sont une bénédiction.

La case, réalisée avec les matériaux trouvés sur place — blocs de corail liés à l'aide de chaux fabriquée dans les grands fours à même le sol —, comporte deux petites pièces d'environ neuf mètres carrés, chacune percée d'une porte et de deux ouvertures faisant office de fenêtres. Sur le sol une épaisse couche d'un magma brunâtre et nauséabond témoigne de son rôle de hangar à coprah.

Nous pourrons stocker ici toutes nos richesses, le plus loin possible des assauts de la mer. Cette cabane sera l'ultime refuge au cas malheureux où nous aurions du très gros temps. Mais il n'est pas question de nous installer ici d'emblée. L'endroit est étouffant, verrouillé par une végétation si dense qu'elle interdit d'entrevoir aussi bien la mer que le lagon. Si besoin était, les moustiques et les rats en compléteraient d'ailleurs l'effet dissuasif.

Tout à côté de cette bicoque, se dresse une petite citerne, ô combien précieuse, car il n'y a pas le moindre ruisseau ni le moindre point d'eau sur l'île. Bien sûr, en creusant à la limite de la plage, côté lagon, nous pourrions réaliser un puits dans lequel une mince, très mince lentille d'eau douce, surnagerait sur l'eau saumâtre au rythme des marées. Mais la chose n'est pas certaine. À l'époque de mon service militaire, nous avions eu la main heureuse à Puka-Rua, dès le premier forage. Par contre, quelques mois plus tard nous avions tenté sans succès la même opération à Reao, l'île voisine.

Sur les atolls, les citernes destinées à recueillir l'eau de pluie sont beaucoup plus sûres, si bien qu'elles se sont imposées partout. Pour les alimenter, les toitures en tôle, tellement décriées par les touristes pressés, forment une constante dans le paysage des îles basses. Bien sûr le *niau*[1] serait plus poétique... à condition de disposer d'une unité de dessalement d'eau de mer !

Dans la perspective de séjours ultérieurs, j'avais refait la toiture en tôle ondulée de la cabane, dès mon deuxième voyage en 1978. Nous étions alors douze personnes, quatre Popaa et huit Paumotu qui avions séjourné environ un mois à Ahunui, travaillant dans une ambiance de joie et d'amitié dont je garde un souvenir enchanté. La toiture paraît encore en bon état, mais il faudrait y adjoindre une couverture pour la citerne elle-même. Nous verrons plus tard.

À distance, dorment deux adultes et un enfant : trois tombes dont les inscriptions ont été effacées par le temps.

Sépultures, maisonnette et réservoir forment les seuls

1. *Niau* : palme de cocotier tressée.

vestiges d'une occupation humaine de l'île. L'ensemble dégage une impression d'austérité, d'angoisse et peut-être de menace... Mais je ne veux pas y penser, nous avons tellement à faire, tant de ballots à charrier, tant d'installations à réaliser. Tout cela avant d'entreprendre l'essentiel : l'établissement des plates-formes sous-marines pour y suspendre les nacres.

Entre les points de débarquement et la vieille cabane s'instaure bientôt un incessant va-et-vient. Nous regrettons amèrement ces deux atterrissages si éloignés. Mais aurions-nous pu faire autrement ! Nous regrettons pareillement de n'avoir pas de jeep, tracteur ou n'importe quel autre engin motorisé. Cependant, comment les débarquer à partir d'un voilier ? Nous ne disposons que d'une vieille brouette ! Elle fait ce qu'elle peut, c'est-à-dire pas grand-chose car le terrain est vraiment impossible.

Le soir nous trouve éreintés, fourbus l'un et l'autre, d'avoir porté, poussé, tiré, ahané sur ces méchants cailloux, les mains et les chevilles couvertes d'écorchures. Ça guérit mal et l'eau de mer n'arrange rien.

Au lit, je ressasse des modifications de brouette. Des brancards plus longs diminueraient l'effort nécessaire pour la soulever. Deux roues au lieu d'une supprimeraient la difficulté de l'équilibrage. Je me rappelle aussi les balanciers des pêcheurs tamouls[1] lorsqu'ils transportaient leurs lourds catamarans. J'imagine des tas de systèmes.

En définitive pourtant, selon les charges et les accidents du chemin, le plus simple est de se débrouiller seul pour les petits colis et à deux pour les plus lourds ou les plus volumineux, le ballot suspendu alors sous les rames, le plus haut possible, hors d'atteinte des blocs de cailloux.

Pas le temps de faire autre chose que de ramasser nos biens pour les coltiner jusqu'à la masure. Le temps travaille contre

1. Tamoul ou Tamil : habitant du sud-est de l'Inde.

nous. Nos plantes dépérissent, trempées d'eau de mer. Nos films ne s'améliorent sûrement pas sous les suroîts. La mécanique rouille, ainsi que les outils au fond des cantines.

Au fil des jours, nous découvrons d'autres bagages endommagés, des aliments avariés ou déjà attaqués par les pagures.

Tout est urgent. Tout est loin. Tout est lourd. Nous ne sommes que deux.

Le soir, je prends à peine le temps de tirer un poisson. Il m'arrive de rester moins d'une minute dans l'eau lorsque le mérou est au rendez-vous ; rien à voir avec la baignade-plaisir ou la plongée sportive. Plouf, pan et fini !

Il faut aussi installer la radio, contacter Hao pour différer l'envoi des nacres. Nous ne sommes pas prêts et je crains que le temps, si calme depuis quelques jours, n'incite le patron du bonitier à anticiper son voyage vers nous.

Charrier le poste et les batteries, grimper dans les cocotiers pour y tendre l'antenne longue de quarante mètres... Non, pas possible, trop casse-gueule. D'abord faire une échelle, chercher la scie, la hache, le marteau, les clous. Des kilomètres à parcourir ! Puis tailler des branches pour faire des montants et des barreaux. Assembler le tout, regrimper dans les arbres, tendre, haubaner, fixer le coaxial, respecter les écartements. Les journées passent.

Ça devrait marcher...

Mais non, le poste n'émet que friture, sifflements, crachouillis, rien de compréhensible. Pourtant tout semble correct. Fils bien connectés, coaxial, micro, oui, c'est bon, d'ailleurs avec ces broches, impossible de se tromper. Re-réglage des boutons, un peu à droite, un peu à gauche, les aiguilles oscillent au bon endroit. Apparemment, pas de problème.

Toujours rien pourtant, rien que des bruits affreux, à se faire mal aux oreilles. J'enrage. Pourvu que la radio n'ait pas elle aussi été endommagée. À Tahiti, les techniciens de Thomson m'avaient très gentiment enseigné à réparer les pannes les plus habituelles. Si je suis capable de régler la polarisation, changer un transistor, souder une capacité, je ne suis quand même pas technicien, il s'en faut de beaucoup. Si la radio a vraiment souffert, il faudra s'en passer. C'est possible, mais nous serons privés de toute liaison et de toute sécurité. Nous arrangerons ça demain. La nuit tombe.

L'antenne radio

CHAPITRE V

Les nacres

10 décembre 1982.

— Danièle, tu le vois ?

— Quoi ?

— Le bonitier, là-bas.

— Je ne vois rien.

— Attends un peu, il va réapparaître. Là, tu le vois ?

— Non.

— Pourtant, dans un quart d'heure il sera au récif. Nous allons avoir dix mille nacres sur les bras et rien de prêt. Vacherie de radio.

— On aurait dû leur fixer une date à Hao, pour nous donner le temps.

— C'est ce que j'ai fait. Mais tu vois bien, ils sont venus quand même. Ce sont des Paumotu. Tu ne peux pas les programmer comme des pions. Ils bossent quand ils en ont envie, s'arrêtent quand ils veulent. Surtout, ils naviguent quand il fait beau. Et ils ont raison.

— Seulement quand il fait beau ?

— Tu te vois, toi, sur un bonitier par mauvais temps ? Pas moi et eux non plus. C'est grand, le Pacifique. Aucun repère. Paumotu ou Tahitiens, ils ne savent pas faire un point.

— On prétend pourtant qu'ils sont d'excellents marins.

— Marins, oui ; pas navigateurs. Quand ça camphre ils se per-

4

5

6

4. L'une des trois tombes, avec les plants que nous avons apportés. — **5.** Le *Yin Yang* avait fait naufrage sur Ahunui (Ph. A. Frühbuss). — **6.** Sur la plage nord, côté océan

7

8

7. Le vent nous arrive sur toute la longueur de la lagune. — **8.** Nous devons frayer un passage pour transporter notre équipement. — **9.** A longueur de journée, je scie, je cloue, je noue, je construis

9

dent comme tout le monde. Tu as beau être marin et avoir le sens de l'orientation, un atoll de six kilomètres de diamètre que tu ne vois qu'à douze kilomètres quand tout va bien et que tu ne vois pas du tout quand le temps est bouché, Tahitien ou pas, tu le loupes.

— Ça arrive souvent ?

— Trop souvent oui.

— Qu'est-ce qu'ils font alors ?

— Ce qu'ils font ? Ils espèrent que l'armée les retrouvera. C'est fou ce que les militaires se défoncent pour eux et je ne suis pas sûr qu'ils s'en rendent compte. Il faut d'ailleurs avouer que, s'ils sont mauvais navigateurs, ils sont d'excellents naufragés. Les Tahitiens sont capables de tenir longtemps, très longtemps avant de baisser les bras. Bon tu les vois maintenant ? Mets un maillot et des pataugas. Il va falloir trimbaler ces nacres jusqu'au lagon le plus vite possible. Saleté de radio.

— Paul, calme-toi !

Ils sont six à bord. Partis hier soir de Hao, ils auront profité de la lune pour se recaler sur Paraoa, atoll inhabité situé à mi-chemin du trajet.

Ils savaient qu'il leur faudrait voir Ahunui au plus tard une heure après le lever du jour. Au cas contraire, l'heure matinale leur donnerait de la marge pour manœuvrer un peu à la recherche de l'île en traçant une sorte de rectangle sur l'océan. Grosso modo une demi-heure pour chacun des côtés. Si à l'issue de cette brève recherche l'atoll n'avait pas été localisé, ils seraient repartis plein nord vers Hao, dans l'espoir de ne pas manquer également leur point de départ. Ils ne disposent certainement que de deux ou trois heures d'autonomie de carburant en plus de leurs prévisions. Ces gars-là témoignent d'un certain courage.

Toujours cette impression de point infime sur l'immensité de l'océan. Et, s'il nous fallait partir par nos propres moyens, les moyens misérables dont nous disposons. Au choix, une baleinière à moteur et le risque de tomber en panne, ou alors un minuscule dériveur[1] complètement délabré. Risqué !

— Tu as vu leur bout de ferraille, ils n'ont même pas d'ancre, constate Danièle.

— Ça t'étonne ?

— Mais ce bateau est neuf. Il vaut une fortune.

— Les coutumes ont la vie dure. Un Paumotu qui en a la possibilité dépense sans sourciller trois à quatre millions de francs[2] pour l'acquisition d'un bonitier, mais rechigne à l'achat d'une ancre de quinze mille balles. Alors on ramasse n'importe quoi dans un dépotoir, on y frappe un cordage, sans même un bout de chaîne, et on risque le cisaillement de l'amarre, le dérapage du bidule, la perte du bateau. Braves types mais têtes de mules...

Par trois fois l'espèce de corps-mort est jeté par-dessus bord, dans l'espoir qu'il s'accroche quelque part. Enfin ça y est. Heureusement qu'il fait beau !

Les hommes devraient débarquer.

Non, rien ne presse. Les voilà qui prennent leur petit déjeuner bien tranquillement, avant d'entreprendre le travail. Des rires gras nous parviennent du bateau. J'imagine sans peine les fines astuces qui s'échangent là-bas. La sagesse. Se mettre en bonne condition. Apparemment les gaillards s'y emploient.

— Je crois que c'est une bonne équipe. Tu verras, ça ira vite.

— Ils doivent nous prendre pour des dingues, d'être seuls ici.

— Eux ? Ils s'en moquent. Les Paumotu restent souvent seuls dans des coins impossibles et avec moins de moyens que nous. Ce sont des durs, des vrais...

Une demi-heure plus tard, le transbordement bat son plein. Deux hommes sur le bateau, deux à la manœuvre sur le Zodiac, deux avec nous pour le transport des nacres que nous immergeons aussitôt dans le lagon.

1. Dériveur « 420 », c'est-à-dire de 4,20 m de long.

2. 1 franc CFP (contre-franc Pacifique) = 5 centimes français.

Le lagon, l'endroit le plus beau, le plus serein, le plus chatoyant de l'atoll. À peine si nous l'avons vu durant les jours écoulés. Nous n'avons guère eu le temps de le considérer sous un autre angle que celui d'un réservoir de nourriture, d'un vivier à poissons. Mais, aujourd'hui, vraiment il en impose. Toute la palette des bleus et des verts. Pas la moindre brise. Quelque chose d'éthéré, et, tout là-bas où les cocotiers ne forment plus qu'un trait, le ciel et l'eau fondus dans une même vibration.

En finir avec ces nacres, ces bagages, ces constructions, tous ces travaux préparatoires. Que vienne le temps d'aimer et de vivre l'atoll...

Je veux accélérer la cadence : le poids, la chaleur, les distances, tout se ligue cependant contre une telle velléité. Comme d'habitude ce sont la nature et nos limites qui nous imposent leur rythme. Sans mécanique, l'homme redevient humble. Le transfert traîne et l'après-midi se trouve largement entamé lorsque enfin le dernier cageot de naissain touche au but.

Nous n'avons pas pris une minute de repos depuis le début de la matinée, nos ventres crient famine.

Je leur propose de rester tous les six à partager notre repas. Nous ne reverrons peut-être personne avant des mois. Mais non, Iotefa (Joseph), le patron du bonitier, est seul à nous accompagner au campement. C'est à peine s'il accepte un café dans l'attente que je trouve de quoi le régler. La discrétion des gens des îles exige qu'ils ne s'étonnent de rien, qu'ils semblent même ne rien voir. À peine si cet homme demande combien de temps nous pensons rester ici, aussitôt choqué par sa propre hardiesse.

De la même façon, ses cinq équipiers ont paru indifférents à notre installation. Je suis cependant certain que chacun d'eux sera venu jeter un coup d'œil ici, à notre insu. Inutile pourtant de vérifier le matériel, rien ne manque.

En d'autres circonstances, au cours d'une bringue de samedi soir par exemple, ces hommes auraient sans doute été bavards, drôles, puis, chez l'un ou l'autre, l'alcool aidant, peut-être même pénibles, voire agressifs. On frappe et on détrousse parfois un gogo de touriste, mais on aurait honte de chiper ne serait-ce qu'une bricole à un couple isolé sur une île. Dans ces circonstances-là, on comprend et on respecte.

Au départ de Hao, Trassy, un vieux copain, avait confié un colis à Iotefa : une lettre, deux baguettes de pain et une bouteille de rouge. Nous ne sommes sur l'île que depuis peu et déjà la « poste » fonctionne. À mon tour je charge notre visiteur d'un gros crabe de cocotier pour mon ami. En Polynésie, la réciprocité du cadeau est sacrée, je ne manque pas à la règle. Nous griffonnons aussi deux lettres pour nos familles, à la hâte. Déjà l'homme s'en va.

— *Maururu. Ia orua faaitoito* (Merci et courage à vous deux).

— Oui, merci et bon courage à toi aussi, Iotefa. Ne te perds pas en route.

Il rit. Se perdre ? Quelle blague ! Comme si c'était possible...

— *Iaorana*[1] (Au revoir).

— *E iaorana* (Au revoir à toi).

Nous sommes à nouveau seuls.

Le temps est extraordinairement calme. Pas une palme ne bouge. Pas une ride sur la mer. L'atmosphère semble irréelle, délicate. L'horizon paraît flotter. Est-ce encore le ciel ou déjà l'océan ? Le bleu très pâle, uniforme, ne marque plus de différence. La nature tout entière donne l'impression d'une pause. Quelque chose de fragile. Le silence, le repos. Une impression d'envoûtement.

Pendant plus d'une heure nous savourons cette quiétude, assis côte à côte, à contempler la mer où le bonitier s'est évanoui. Sur le récif la houle soulève de grandes lames dont la transparence

1. *Iaorana* : littéralement « Que tu vives un peu »; signifie en fait « Salut, bonjour ou au revoir. »

lisse découvre les poissons comme dans un aquarium. Deux ou trois secondes seulement pour chaque vague, mais quel spectacle ! Perroquets verts ou bleus, chirurgiens noirs à taches rouges, d'autres zébrés de jaune et de bleu, et par-çi par-là un jeune napoléon, un tamuré [1].

Et petit à petit, une voix intérieure, d'abord imperceptible puis de plus en plus précise. Une impression de déjà-vu. Le calme plat, la mer lisse comme un miroir, l'absence totale de brise et pourtant la houle, puissante. Il aura bien fallu qu'elle soit engendrée quelque part, très loin peut-être mais par quoi sinon par le vent ? Un vent de tempête, sans doute, pour avoir propagé l'onde si loin dans les calmes.

Je me souviens, maintenant. Il y a quinze ans, à Puka-Rua, je pêchais à la foëne avec le *Tavana Piti* [2]... C'était un dimanche. Nous avions profité précisément de ce phénomène d'aquarium pour harponner les poissons dans les déferlantes. Le lendemain, la mer et le vent cognaient si fort que les débarquements de baleinières s'étaient révélés impossibles.

Puis à Ahunui, il y a quatre ans, avec Madec. Nous avions découvert une nacre depuis le canot, tant le lagon était calme. Le petit bateau avançait doucement, il suffisait de se pencher à l'avant, on y voyait comme à travers un hublot. C'était la fin de notre séjour, la dernière course sur le lagon et nous avions voulu être seuls, mon ami et moi.

Le lendemain nous attendions le *Kekanui*, par mauvais temps. Le surlendemain, c'était la tempête et, par la suite, nous avions mis trois jours pour réussir à quitter l'île dans des conditions très dures.

Notre campement a triste mine : une mauvaise bâche plastique tendue à la hâte le premier soir. Si mes pressentiments sont justes, il faut agir.

1. *Tamuré* (même nom en français) : *Lethrinus mahsena.*

2. *Tavana Piti :* littéralement chef n° 2, c'est-à-dire le sous-chef de l'île.

— On va monter la tente. Je n'aime pas ce temps.

— C'est pourtant calme.

— Trop calme. Regarde la houle comme elle est forte. Elle vient de l'ouest, elle n'est pas formée par les alizés. Probablement une tempête très loin.

— Qui pourrait venir jusqu'ici ?

— C'est très possible. Cette nuit nous devrions encore être tranquilles, mais demain je ne sais pas. De toute façon il vaut mieux s'y mettre tout de suite.

Là-haut, dans la petite masure, soigneusement pliée et rangée depuis des années, se trouve une grande bâche kaki, en forte toile caoutchoutée, percée de nombreux œillets sur ses bords. Huit mètres sur six, pesant peut-être une cinquantaine de kilos, elle servait, paraît-il, à recouvrir les camions militaires deux par deux. Elle formera un abri très convenable, à condition de la tendre sur une solide charpente.

Toute la soirée, une partie de la nuit et toute la journée du lendemain se passent à débiter des pieux dans les kahaya du voisinage, à les trimbaler puis à les dresser en poteaux, en arbalétriers, en faîtières. Nous travaillons d'arrache-pied. Je coupe à la tronçonneuse pendant que Danièle prépare les trous à la pelle et à la pioche. Petit à petit l'armature prend corps : sept poteaux de soutien, quatorze étais obliques, deux pieux d'entrée, trois poutres pour la ligne de faîte. À la hachette et à la scie, nous taillons de grossières mortaises que nous assemblons avec des liens ou des gros clous de charpentier.

Nous installons la tente avec soin. Nous protégeons la toile des aspérités du bois par des paillets en bourre de coco et l'arrimons à l'aide de forts cordages en nylon. Les pans de la bâche pourront être déroulés jusqu'à terre et lestés de grosses pierres. Inversement nous aurons la possibilité de fixer la toile très haut sur les supports. Selon le temps nous profiterons ainsi d'un abri à peu près étanche ou au contraire d'une vaste surface d'ombre agréablement ventilée.

Que j'en ai serré des nœuds : nœuds de cabestan sur les rondins, nœuds de ridoir sur les œillets, nœuds plats, nœuds de chaise. On dirait un haubanage de bateau. Ne sommes-nous pas comme sur un grand vaisseau de pierre ?

Telle quelle, notre banne présente deux orifices triangulaires. Côté terre cela n'a pas grande importance : les vents soufflant de cette direction sont exceptionnels. De plus le relief, aussi faible soit-il, forme écran avec sa coiffe de cocotiers et de pandanus.

Mais le côté mer s'ouvre sur la brise, les embruns, les vents dominants. Nous y aménagerons ultérieurement une dernière bâche de forme tout à fait spéciale qui servait à recouvrir le nez des avions de chasse. Toujours du matériel de récupération...

L'ensemble paraît satisfaisant, capable de tenir tête à un fort coup de vent. Je reste néanmoins obsédé par l'idée d'un cyclone qui ne laisserait aucune chance à ce montage de bois et de toile, malgré l'attention et l'application apportées à sa construction. Cette inquiétude est grossie du fait de la proximité de la mer. Nous sommes trop près, juste un peu plus haut que les traces laissées par les plus fortes houles. Malheureusement la configuration du terrain ne nous donne guère le choix. L'arrière du campement affleure les cailloutis, et reculer de quelques pas signifierait déblayer des tonnes de pierres, à la main.

Par ailleurs, grimper carrément dans la cocoteraie, nous ne pouvons nous y résoudre. Est-il concevable de venir de si loin, de vivre tellement seuls, d'être entourés de tant d'eau, et de s'enfermer dans une brousse hostile, sans vue, sans air, au milieu de cohortes de rats et de moustiques ?

Quoi qu'il en soit les risques de cyclone sont statistiquement minces : un par vingt-cinq ans. Soyons optimistes !

La nuit tombe tandis que le premier éclair déchire le ciel. Nous nous hâtons d'abriter nos biens et un peu de bois. Puis je cours dans la cocoteraie jusqu'au cabanon, fixer vaille que vaille les gouttières sous les tôles. Danièle m'éclaire avec une lampe torche. L'ajustage n'est pas bon mais vaut mieux que rien. On recueillera toujours quelques bidons d'eau douce dont nous avons bien besoin.

Et la pluie, s'abat, drue, compacte, brutale. Plus rien d'autre à faire que de se réfugier sous la tente.

La foudre frappe à une cadence telle que parfois le ciel reste incendié plusieurs secondes. Bientôt le tonnerre se rapproche et remplace le crépitement de l'averse. Nous restons longtemps à épier le ciel, à écouter, à respirer les senteurs nouvelles de la terre mouillée...

Siki apparemment ne partage pas notre plaisir. Elle a gratté un gîte sous nos lits et s'est lovée, le museau entre les pattes, tremblante d'inquiétude.

Le grondement des vagues toutes proches, les claquements secs de la tente, les roulements du tonnerre, les rafales de pluie, la nuit illuminée : nous restons en alerte.

Au petit jour, l'encre du ciel aperçu à travers un rideau de pluie n'incite guère à la joie. Nous traînons, retardant au maximum le moment de nous extraire de nos duvets

Tout de même, un bon thé bien chaud, bien sucré... Bientôt la flamme pétille et lèche le fond noirci de la bouilloire. La tente est si vaste que nous circulons à l'aise et que nous pouvons même faire du feu sans gêne. Plus de quarante mètres carrés, un studio !

— Faut aller voir les nacres. Tu m'accompagnes ?

Suroîts, sandalettes et en avant sous le déluge.

Tout est gris et triste. Le lagon démonté. Un clapot serré en dents de scie cogne sur le rivage. Le vent arrive sur toute la longueur de la lagune. Les nacres reposent au plus mauvais endroit, bousculées par les innombrables petites déferlantes. Elles s'entassent sur le bord du filet destiné à les protéger, s'en échappent même. L'une ou l'autre gisent éparpillées sur la plage. Sans entrain nous les replongeons dans l'eau. Quelle erreur de n'avoir pu les immerger dans de bonnes conditions ! Si seulement j'avais eu quelques jours pour confectionner les cages prévues. Le grillage est là, je voulais tout faire seul. Dès le beau temps revenu, je m'y mettrai.

La radio ne fonctionne toujours pas. Elle ne fonctionnera ni aujourd'hui, ni demain, ni après-demain. Durant ces trois jours nous ne captons pas une bribe de mot. Au risque de me rompre le cou, je fais l'acrobate sous une pluie battante, perché à sept-huit mètres de haut, sur une mauvaise échelle adossée à un arbre mouvant, afin de modifier et remodifier l'orientation de l'antenne. Je mets les batteries en parallèle, m'acharne sur le groupe électrogène, échafaude mille et une combinaisons. Sans succès.

Ce quatrième jour enfin, tout s'apaise. Le temps s'améliore. On distingue un semblant d'éclaircie, là-bas, sous le vent, une nuance d'un gris plus pâle et même un soupçon de bleu-gris. En regardant bien, le bleu grandit, grignote peu à peu le gris. Le beau temps revient. Faisons un nouvel essai radio.

Ça marche !

Nous en comprenons bientôt la raison. Lisa, forte dépression tropicale, à la limite de l'appellation cyclone, a soufflé sur Tahiti, causant de graves dommages aux antennes émettrices. Notre poste n'y est pour rien.

Un souci en moins.

CHAPITRE VI

Pour adultes en bonne santé

Danièle est merveilleuse. Précise, efficace, elle s'attelle à la tâche avec énergie. Toujours d'accord, enfin presque. De temps en temps bien sûr, elle accuse un petit coup de pompe, mais pour vite l'oublier. C'est donc ça, vivre sur une île ? Porter, bâtir, pêcher, travailler sans répit. Elle n'imaginait pas les choses ainsi et j'avais moi-même sous-estimé l'aide de mes compagnons lors des expéditions précédentes. À présent je mesure le fossé qui existe entre un groupe d'une dizaine de personnes ou seulement de deux.

Et si j'étais seul aujourd'hui, comme prévu ? Être deux ne signifie pas diviser le travail par deux. Oh non ! C'est au contraire diviser la tâche par dix ou peut-être davantage...

Le plus gros du matériel, y compris la baleinière, nous attend toujours là-bas sur la plage, côté océan, à plusieurs kilomètres à l'est. Chaque aller-retour demande environ deux heures et demie ou trois heures de marche. Nous gagnerions beaucoup de temps en passant par le lagon. Pour cela, il s'agit de transférer matériel et chaloupe à travers la cocoteraie.

Je frappe un treuil à un arbre afin de haler le canot jusqu'à la végétation, sur toute la largeur de la grève, une centaine de mètres. Ça a l'air de marcher mais la quille racle très fort. Avec quelques rondins, ça irait mieux. Nouvel aller-retour pour chercher la scie et un peu d'outillage.

Tout est en place. Nous chargeons, ça sera toujours ça de pris. Ça glisse mais quelle lenteur ! Nous chargeons davantage. Nous treuillons centimètre par centimètre. Et ça casse. Le tronc s'est penché, le treuil a tenu, mais la poignée d'amarrage du bachot a lâché à la soudure.

Nous recommençons, la barcasse ceinturée par plusieurs tours d'un gros cordage, de sorte que l'effort se répartisse sur le tableau arrière. Nous treuillons encore. Cette fois ça tient, mais le travail n'avance guère, à ce rythme nous n'en finirons jamais. À l'évidence il faut abandonner ce procédé. Porter, encore et toujours.

Les vraies difficultés ne commencent d'ailleurs qu'au sommet de la plage, à la lisière du bois. Des cocotiers, des pandanus, des kahaya enchevêtrés, verrouillés par le miki-miki : c'est inextricable. Presque une jungle !

Pendant plusieurs jours, à la tronçonneuse, à la hache, au coupe-coupe, nous frayons un passage pour relier l'océan au lagon. Déblayer les rocailles, écraser à la masse les saillants des blocs trop lourds, combler les trous avec des galets, tapisser certains passages de brassées de palmes, bref tracer une piste où nous pourrons enfin cheminer et transporter notre barda.

Le bateau d'abord. Mètre par mètre. Il paraissait léger sur les quais de Tahiti, mais, ici, même après la préparation du terrain, c'est une autre paire de manches. Le soleil cogne et les moustiques nous assaillent malgré les répulsifs dont nous nous enduisons abondamment. Danièle ne peut tenir plus de quatre ou cinq mètres d'un trait. Seul je ne peux rien.

Quelle joie pourtant, lorsque, après quelques dernières écorchures, nous parvenons enfin à traîner la baleinière au lagon. Du coup nous nous baignons, nous musardons et vidons quelques cocos bien verts. Nous rions, nous imaginons qu'à présent tout ira tellement mieux. Nous sommes heureux. Ce n'est pourtant qu'un début !

Nous devons maintenant transporter le moteur, le réservoir, les caisses, les cantines, les plants d'arbres fruitiers et tout le reste.

Chaque retour au lagon est comme une fête. Le petit rafiot

se trouve là, sagement amarré au bout de sa longe, attendant de partager notre travail.

Quel bonheur de mettre le moteur en route, de glisser entre les coraux près de la plage, de « foncer » dans le bleu du lagon, de voir défiler sans effort des kilomètres de brousse, d'éboulis coralliens et de chausse-trapes, les fesses et les jambes bien calées au repos, les yeux à fureter enfin dans le ciel parmi les oiseaux.

Vivre sur une île ? Ça ne veut rien dire. Comment est-elle, cette île ? Y a-t-il une passe pour accoster ? Y a-t-il du monde ? Alors ce n'est rien. Un truc de vacances. Prévoir des huiles solaires et boire frais.

Mais... pas de passe, pas d'accès, pas de bras. C'est tout autre chose. « Pour adultes en bonne santé », avait dit Madec il y a quatre ans...

Nous consacrons les jours suivants à rapatrier nos affaires. Au débarquement de la côte est, la piste reliant l'océan au lagon se révèle payante. Quelques centaines de mètres très pénibles et voilà la brave baleinière à prendre le relais par le lagon, au moins jusqu'au point du rivage le plus proche de la « zone vie ». Là, Danièle a tracé une autre piste pour rejoindre la maisonnette. À raison d'une ou deux heures de travail tous les jours, le chemin est devenu praticable, du moins pour la brouette.

Du point de débarquement de la côte ouest par contre, nous n'aurions aucun bénéfice à trimbaler le paquetage jusqu'à la bicoque en passant par le lagon. Il vaut mieux rester sur la terre ferme, d'autant plus que mes compagnons et moi avions déjà amélioré la piste d'accès, depuis la première expédition en 1975.

À sept personnes, nous avions dès cette époque tracé les premiers chemins. De la goélette, nous avions débarqué 400 arbres et 15 tonnes de terre arable de Tahiti. Un travail de forçats...

Pourtant, aujourd'hui c'est pire. À chaque fois que c'est possible nous utilisons la brouette. Mais cet engin n'est pas une panacée, tant s'en faut. Par exemple, il ne convient pas pour les tôles. Tranchantes et offrant une forte prise au vent, leur transport est malaisé. Nous imaginons de les emporter sur une sorte de large et courte échelle. Cela réussit bien.

Restent également les fûts pesant deux cents kilos chacun. L'idéal serait de les rouler mais le terrain trop accidenté ne s'y prête pas. Mieux vaut siphonner et fractionner l'essence.

Tout est possible...

Il est temps aussi d'entreprendre l'aménagement du *faré*[1]. J'affecte la première pièce à usage d'entrepôt et réserve à la deuxième le rôle d'atelier. Nous en aurons besoin pour mener à bien notre projet d'élevage d'huîtres. Je fabrique des étagères avec toutes les planches disponibles, puis, nos apports ne suffisant pas, avec les bois flottés ramassés sur la grève. Les troncs de cocotiers servent de soutien et les branches de kahaya de traverses. À longueur de journée, je scie, je cloue, je noue, je construis !

Danièle trie nos affaires en conservant à peu près tout, puisque tout est précieux, les clous rouillés et tordus, les débris d'emballages qui permettront peut-être d'allumer un feu par forte pluie, etc. Elle abrite la nourriture dans des boîtes en plastique, en métal, dans des cantines dont elle saupoudre le fond d'insecticide.

Nous devons prendre au sérieux la concurrence des rats, des bernard-l'ermite, des fourmis et même des cafards que nous avons introduits dans nos cartons, malgré les précautions prises. Plus tard, avec certaines boîtes de riz récupérées sur le *Yin-Yang*, s'ajouteront aussi des charançons... Rien n'est simple.

Dans la citerne l'eau a diminué considérablement. S'il ne pleut pas, nous aurons bientôt un nouveau problème à résoudre. Il faudrait pouvoir recueillir davantage d'eau à chaque averse, donc augmenter la surface de captage.

Un appentis adossé au flanc sud de la cabane ferait l'affaire. Sa toiture permettrait de réaliser en même temps un poulailler et un abri en plein air pour nous. Un deuxième atelier en quelque sorte.

1. *Faré* : maison ou cabane.

Nous sommes pourvus en tôles. Le bois ne manque pas, à condition de le couper dans la forêt alentour.

Tronçonner, charrier, ajuster, monter une charpente... Du déjà-vu, en plus lourd cette fois. Le transport des poteaux taillés dans des troncs de cocotiers représente le plus gros du travail. En glissant des barres à mine, en guise de leviers, sous les stipes, nous progressons vers le chantier mètre par mètre, et il y a des centaines de mètres à couvrir...

Petit à petit notre hangar prend cependant tournure.

À droite, un enclos de grillage, lattis et tôles dessine un vaste poulailler, que surmonte un pigeonnier. Tout un système de portes, de nids et d'abreuvoirs complète l'installation.

À gauche, ouvert sur deux côtés, une sorte de préau où nous aimerons effectuer nos multiples travaux lorsque table et tabourets auront complété le tout.

Enfin la toiture, absolument indépendante de celle de la cabane, pour diviser par deux le risque de voir tout s'envoler en cas de cyclone.

Telle quelle, la couverture de la bicoque et de l'appentis représente maintenant une surface de captage honorable. J'installe encore des gouttières que je munis d'un double système de filtres. Le premier en grillage, pour retenir les feuilles amenées par le vent, et le second, en voile de moustiquaire, destiné à arrêter les brindilles et surtout les crottes de rats. Cela fonctionne tellement bien qu'il faudra les nettoyer tous les jours. Pour peu que la Providence nous gratifie d'une bonne averse, nous devrions remplir la citerne de six mille litres d'eau potable. De quoi tenir des mois.

Nous avions apporté dans nos bagages des panneaux de cellules photo-électriques. Je compte sur eux pour alimenter radio et réfrigérateur par l'intermédiaire d'un couple de grosses batteries. Fixer ces panneaux sur le toit du cabanon, faire un châssis de solides chevrons, n'utiliser que des boulons en inox, graisser les filetages... Rien n'est laissé au hasard.

La radio n'a pas été négligée. Elle trône dans la maisonnette, au point le plus haut et le plus sec. Afin d'assurer la tension maximale à sa longue antenne horizontale, sans risque de la rompre sous le balancement des cocotiers par grand vent, nous avons mis en place un système de poulies et contrepoids sur une des extrémités.

Au campement la situation change également. Nous confectionnons trois parties distinctes.

D'abord la tente à laquelle nous portons de jour en jour quelques améliorations. Nous perfectionnons le système d'aération et agrandissons la surface habitable par l'ajout d'une nouvelle banne. L'intérieur se garnit progressivement de mobilier fabriqué au jour le jour : un lit, une table, des tabourets, des étagères. C'est le coin-repos.

À distance, sous un bosquet, se dresse une seconde table, flanquée elle aussi d'étagères et de tabourets. Nous y ajoutons une petite réserve d'eau douce, quelques victuailles, quelques apparaux de pêche. C'est le coin-repas.

Enfin la vieille cabane en niau est transformée en *faré tutu*, c'est-à-dire en cuisine. Nous y avons creusé un trou garni sur trois côtés de belles pierres larges et plates sur lesquelles repose une grille. C'est le foyer. En face un banc « taille basse » et tout autour, à portée de main, rangés comme des soldats à la parade, les quelques ustensiles de cuisine et les nombreuses fioles de condiments récupérés sur l'épave du *Yin-Yang*. Dans le fond une impressionnante réserve de bois sec.

Tout cela ne nous fait pas oublier nos huîtres. Près de la maisonnette, nous avons débroussé et déblayé un large espace. Nous pouvons y vaquer à l'aise, y dérouler également les rouleaux de grillage, fabriquer enfin les cages qui protègeront les naissains de la voracité des prédateurs. Napoléons, diodons, balistes et raies ne risqueront bientôt plus de dévaster notre élevage tout neuf.

Au cours des mois à venir, je fabriquerai encore un slip en rondins pour haler la baleinière sur la berge de la lagune. Un système de cordages et de poulies permettra chaque soir d'y accueillir l'embarcation au sec, à l'abri d'un éventuel coup de vent. Juste en face, par petit fond, j'immergerai un corps-mort surmonté d'une grosse bouée pour y amarrer le canot dans la journée.

Il restera à transférer le petit dériveur depuis son refuge du sommet de la cocoteraie jusqu'au lagon. Je l'avais abandonné sur l'île à l'occasion d'un des précédents voyages. Personne n'y a jamais touché. Peut-être que personne n'est jamais venu. Quoi qu'il en soit ce sacré bateau est plus lourd qu'il n'y paraît.

Souhaitant enfin alléger nos corvées, en particulier pour Danièle, j'imaginerai de construire une sorte de triporteur. En plus de la brouette je dispose d'un vieux diable qui servait de chariot extincteur dans un aéroport militaire. En supprimant la caisse de la brouette et en la renversant, les béquilles deviendront berceaux pour recevoir le nez du voilier. En tripotant un peu les bras du diable, ils se transformeront en supports pour la quille. En assemblant le tout moyennant force fils de fer, planchettes et boulons, nous serons dotés d'un *ber* [1] mobile, étroit à souhait pour se faufiler dans l'exiguïté des pistes que nous avons tracées.

Enfin je construirai un grand vivier à poissons et à langoustes.

Au total, des semaines puis des mois d'une activité fébrile, souvent harassante, mais des mois riches, durant lesquels nous avons conscience de donner toute notre âme à chacun de nos efforts.

Le soir, avec une joie profonde, nous contemplons l'acquis de la journée, et c'est déjà avec l'impatience du réveil que nous sombrons dans le sommeil. Nous sentons que notre vie nous appartient ; elle nous brasse et nous la dominons tout à la fois.

Peu à peu l'île devient nôtre.

1. *Ber* : carcasse en forme de berceau, soutenant un bateau.

CHAPITRE VII

La chasse sous-marine

— Ne crois-tu pas que nous pourrions nous arrêter un peu aujourd'hui ? propose Danièle. Il fait si beau. J'aimerais aller au lagon, me baigner, ne rien faire.

— C'est une idée. J'en profiterai pour plonger tranquillement, voir les huîtres, essayer de trouver des nouveaux coins de pêche. Moi aussi je suis à bout.

— D'accord, j'irai avec toi. Mais pas maintenant. Regarde comme la mer est calme.

Devant nous, l'éblouissement de la mer couleur d'azur et de nacre avec le ciel confondu. De temps à autre un poisson volant surgit, s'élève et plane, longuement, puis se pose, ou plutôt affleure la crête d'une vague, le corps hors de l'eau, la queue fouettant le sillage, pour s'élancer encore plus haut et plus loin. Bien soutenu par la brise, l'exocet peut couvrir des distances impressionnantes, trois cents mètres, peut-être davantage lorsqu'il a un barracuda aux trousses.

— Danièle, tu vois cette traînée là-bas ?

— On dirait une grande tache d'huile.

— C'en est une.

— Explique-moi.

— Sans doute un cachalot. Ce n'est pas le moment de plonger.

— Ils sont dangereux ?

— Les cachalots, non, je ne crois pas. En fait je n'en sais rien. Ils ont des mâchoires et une gueule pour te croquer d'un seul coup, mais je n'ai jamais entendu une histoire de ce genre. Les seules attaques connues concernent des animaux blessés chargeant des bateaux de pêche[1]. Par contre, l'huile qu'ils répandent parfois attire les requins, les plus gros, les blancs et les tigres qui peuvent remonter la trace sur des kilomètres. C'est même ainsi qu'on les appâte.

— Tu voulais plonger ?

— Pas pile là-dedans. On parlait du lagon, et ces bêtes-là ne rentrent pas dans un lagon, du moins pas dans un lagon fermé.

— C'est tout de même autre chose lorsqu'il y a une passe. Te souviens-tu du requin-baleine que tu avais découvert ?

— C'était à Rangiroa. J'avais eu de la chance de tomber dessus. C'est un poisson inoffensif, mais drôlement impressionnant quand même. Il était resté longtemps dans le lagon, à peu près toujours au même endroit, de sorte que le Kia-Ora[2] avait organisé des sorties spéciales pour ses touristes. Ça a duré trois semaines je crois bien.

— Si un requin-baleine peut entrer là-bas, d'autres requins aussi ?

— Bien sûr. Dès qu'il y a une passe ils pénètrent. À Rangiroa, j'ai vu pêcher des tigres de quatre mètres, dans si peu d'eau qu'on avait pied ! À Fakarava également. Par contre, des requins blancs dans un lagon, je n'en ai jamais entendu parler, mais ça ne veut rien dire. Le requin-baleine non plus, on n'en avait jamais parlé.

— Et les dauphins ?

— J'ai vu un jour tout un banc de dauphins dans le petit che-

1. Le 20 novembre 1819, le navire baleinier *Essex* était coulé par une baleine dans le Pacifique.

En 1820 l'*Albatros* subissait le même sort, également dans le Pacifique. Dans les deux cas quelques survivants seulement en réchappèrent après avoir navigué des centaines de milles à bord des frêles baleinières et s'être livrés à des actes de cannibalisme (voir Société des Océanistes, dossier n° II).

2. Kia Ora : hôtel bien connu à Rangiroa.

nal qui relie le Yacht-Club au Taaone[1]. Ce n'est vraiment pas profond et avec tout le trafic qui passe là-bas, ça ne paraît pas vrai. Alors dans les îles inhabitées, tu imagines... Dès qu'il y a une passe importante, les échanges entre l'océan et le lagon deviennent tels que la plupart des animaux marins transitent probablement par là un jour ou l'autre.

— Même les baleines ?

— Non, les baleines, je ne crois pas. En réalité, je n'en sais rien.

Il est environ 7 heures du matin. Des fous au bec bleu nous survolent en direction de l'horizon où ils disparaissent. Peut-être des retardataires, mais je pencherais plutôt pour des chasseurs amorçant déjà leur deuxième ou troisième voyage.

J'aime ces oiseaux au vol régulier et puissant. Ils donnent une impression de détermination tant leur trajectoire paraît précise et rectiligne. Seuls, par couples ou par petits groupes, ils chassent loin des côtes, sans règle définie, si ce n'est de se surveiller les uns les autres à des distances considérables. Que l'un d'eux repère un banc de poissons et tous se hâtent à la curée. Dès lors, ailes repliées, cou tendu, ils fondent comme des torpilles sur leurs victimes, au besoin les poursuivant sous l'eau, leurs ailes devenues instantanément nageoires.

Les bonites pourchassent les petits poissons, les oiseaux attaquent les uns et les autres, gobant les petits, arrachant un lambeau de chair à la nuque des grands. Les requins chargent tout le monde, taillant dans la viande ou dans la plume. Ça piaille, ça plonge, ça se bouscule, oiseaux et poissons tour à tour provoqués, affolés, poursuivants et poursuivis, dans des vagues de sang, dans la folie du carnage collectif.

J'ai le souvenir d'avoir hurlé d'excitation avec mon ami Taro lorsque nous traînions nos lignes dans ce chaudron de sorcières.

Magnifiques oiseaux ! Nous restons longtemps à les regarder.

1. Taaone : baie de Tahiti, dans le lagon de la côte nord.

Alentour, l'île se modifie. Dans sa course au zénith, le soleil écrase tout, reliefs et couleurs. Progressivement les ombres disparaissent, les pierres s'aplatissent, les nuances se fondent en gris pâle sur le récif et en blanc éclatant sur les galets. Le vert très vif des palmes se transforme en vert-gris, et le fauve des feuilles mortes en brun terne.

Sur le platier, les vagues viennent mourir, discrètes, comme à regret. À peine un panache d'écume en guise d'adieu. Comme nous, la nature semble observer une pause. Même le grondement du récif s'est affaibli, étouffé, mais sans s'évanouir complètement. Ce bruit-là ne disparaît jamais tout à fait. Il est le poumon géant de l'île, son souffle de vie. Un atoll silencieux ? Cela n'existe pas.

Le lagon m'attire et j'aimerais inciter Danièle à chasser avec moi.

— Prendras-tu ton fusil aujourd'hui ?

— Si tu veux, mais je n'y arriverai pas, tu sais bien.

— À force d'essayer, tu réussiras. C'est un coup à prendre. Fais-le.

— Ce fusil est trop dur. Je n'arrive pas à le charger, tu ne veux pas me mettre des sandows plus longs ?

— Tu as tort. Avec des sandows trop mous, tu devras approcher tellement près des poissons qu'ils se sauveront avant que tu puisses tirer.

— Si je ne peux pas charger le fusil, ce n'est même pas la peine qu'ils se sauvent.

— On discute ou on y va ?

Palmes, masque, tuba, combinaison, ceinture, couteau, gants, fusil : un matériel parfaitement rodé, dont je prends le plus grand soin, dont je ne change pas le moindre élément sans d'infinies réticences.

Avant notre départ, j'avais longuement expliqué à Danièle le pourquoi et le comment de chacun des choix de cet équipement.

J'affirmais que le masque était l'élément principal, surtout en apnée. Il devait être rigoureusement étanche car la moindre infiltration d'eau viendrait irrémédiablement brouiller la vue du chasseur pendant la descente, précisément lorsque le vidage deviendrait impossible. Le nez devait être aisément accessible pour effectuer les manœuvres d'équilibrage de pression, sinon gare à l'horrible douleur dans les oreilles. Enfin bien entendu, le verre se devait d'être taillé à la vue du plongeur, myope ou non.

J'avais opté pour un modèle de palmes assez lourd, à tuyères, peut-être plus en raison de leur confort et de leur robustesse que pour leur performancc.

Le couteau ! J'avais essayé d'innombrables dagues et poignards, aussi décevants les uns que les autres. Enfin j'avais trouvé l'objet rare. Une lame en vrai acier inox, solide et fiable. D'un côté, le fil tranchant comme un rasoir, de l'autre, le dos en dents de scie pour écailler les poissons. Un manche en bois, riveté, bien en main. Le fourreau par contre ne convenait pas. Je préférais glisser l'arme dans une gaine fixée à poste, au mollet droit.

Les gants, non le gant, car je n'en mettais qu'un seul, le gauche, pour m'agripper aux coraux et détacher les poissons de la flèche. Au cuir chromé, bien moulant, spécial plongeur, je préférais le large gant de jardinier, tellement plus facile à mettre et à enlever en un clin d'œil.

La main droite restait toujours libre, pour garder toute précision dans l'utilisation du fusil ou du couteau.

Le fusil ! Aucune arbalète du commerce ne m'avait donné vraiment satisfaction. Il avait donc fallu le fabriquer, ce dont mon ami Chazottes s'était chargé. L'un des cadeaux les plus précieux qui m'ait été donné.

Un fusil en bois, long d'un mètre vingt, creusé d'une gorge pour guider la flèche, et prolongé d'une crosse à détente très souple, genre pistolet. Un talon de crosse aplati pour éviter de riper lors de l'armement. Des sandows recourbés sur eux-mêmes pour

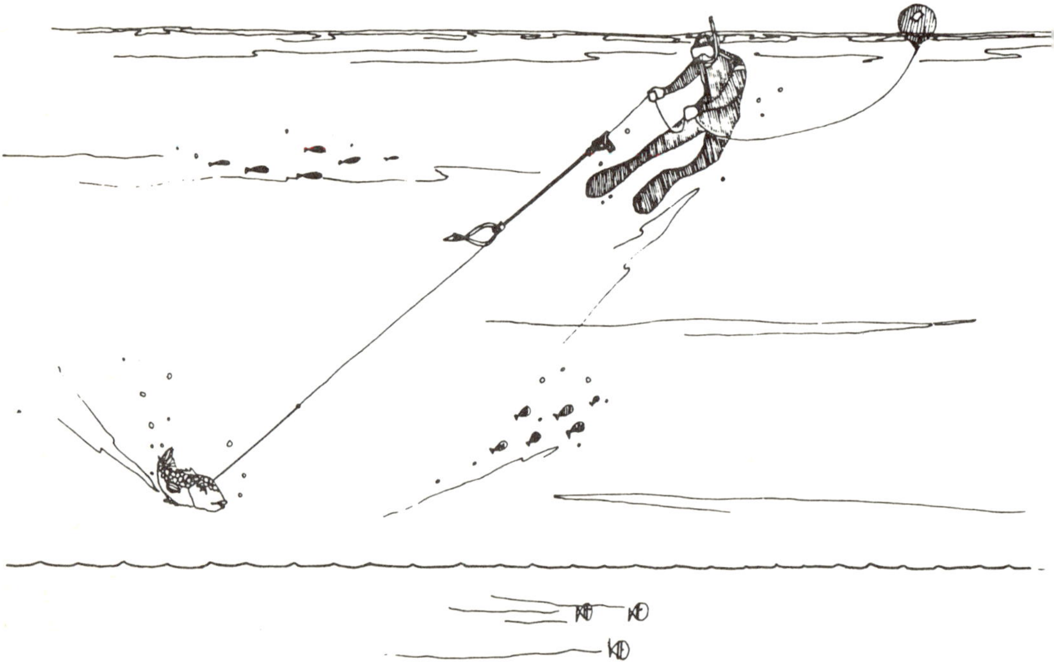

La chasse sous-marine

ne pas perdre un centimètre de traction et garnis d'étriers[1] spéciaux rigoureusement incassables.

Enfin une flèche en inox, aussi fine que possible, diamètre six millimètres, à simple ardillon, longue d'un mètre cinquante. Pour les plongées au large, où le risque de rencontre de gros requins était réel, j'utilisais aussi une flèche dont la pointe avait reçu un filetage permettant au besoin l'adaptation très rapide d'un lupara, c'est-à-dire d'un tube inox à percuteur, munie d'une cartouche à balle[2].

Sur la crosse de l'arme, j'aimais bien fixer un fil de six à huit mètres, terminé par un petit flotteur. En pleine eau, ce fil me permettait de refaire surface pour respirer, tout en fatiguant mieux un gros poisson, avec moins de risque que la bête se déchire en se débattant. Dans les eaux de Tahiti j'y suspendais parfois mes poissons morts, de sorte qu'un requin — éventualité assez rare là-bas — puisse se régaler loin derrière moi, plutôt que directement sur moi[3]. À Ahunui par contre, où les requins sont omniprésents, plus question de remorquer des poissons morts. Une frénésie de requins, même à huit mètres de distance, non merci ! Il nous faudrait sortir nos prises de l'eau instantanément.

Danièle m'avait patiemment écouté. Puis, indulgente, avait conclu :

— Tu ne crois pas que tu es un peu maniaque ?

Le lagon nous accueille de toute la féerie de ses couleurs. Jamais

1. Étriers brevetés Chazottes.

2. Cartouche calibre 223.

La cartouche de chasse de 12 par exemple exige un lupara d'un diamètre tel que la flèche n'a plus aucune pénétration dans l'eau ; ce système ne permettant de tirer qu'à bout touchant n'est pas souhaitable.

3. Qu'un chasseur débutant me permette de lui conseiller de ne jamais accrocher un poisson mort à la ceinture.

je ne me lasserai de ces verts et de ces bleus. Quitte à me répéter, je tombe sous le charme du lagon calme à chaque fois. Mais je ne suis pas sûr que les couleurs soient seules en cause. Une lagune ceinturée par sa couronne végétale, qu'un seul coup d'œil embrasse, forme un monde à soi. Un microcosme parfait. Un bijou dans un écrin de lumière, un bijou vivant de milliers de vies, aériennes, terrestres et aquatiques.

Voir ne suffit pas. Il faut toucher, sentir, entendre et même goûter. Il faut marcher pieds nus sur le sable grossier fait de débris coralliens et de menus coquillages. S'égratigner dans les buissons crochus du bord de plage. Ramasser et palper les valves des bénitiers.

Il faut humer l'insane odeur des coraux morts refoulés par le mauvais temps. Écouter le bruissement métallique des palmes sous la brise. Reconnaître les appels des oiseaux au perchoir ou à la chasse.

Enfin et surtout, il faut se couler dans l'eau tiède dont les premières caresses sont pour moi une jouissance presque sensuelle. De tout temps ces contacts me sont apparus voluptueux et euphoriques. J'ai conscience d'être alors, l'espace de quelques secondes, extrêmement vulnérable.

C'est en partie à cause de cela que je ne me précipite jamais. Excès de prudence aux yeux de mes compagnons de pêche, bizarrerie même pour certains, peu importe. Pour moi, certitude de pouvoir impunément m'adonner à ma drogue douce, ne serait-ce qu'un instant, avant de redevenir le chasseur lucide et déterminé.

À son tour Danièle s'immerge, doucement, sans bruit, pour ne pas alerter trop de requins à la fois. Ceux des environs proches viendront de toute façon assez vite. Inutile d'ameuter aussi ceux qui patrouillent à distance.

Nous nageons côte à côte, survolant un moment nos ombres tremblotantes silhouettées sur les graves qui déjà se dérobent sur une profondeur d'une dizaine de mètres.

Nous sommes dans l'un des très rares hoa de l'atoll, un hoa

dans lequel s'imprime le rythme des marées, permettant les échanges, incitant les poissons à l'aventure du large ou au repos du lagon, selon le courant, le temps ou la saison. Ce hoa, pourtant l'un des plus importants d'Ahunui, n'est rien moins qu'une passe, plutôt une simple tranchée d'une encablure[1] de long sur une demie de large, adossée au platier d'un côté et creusée dans le lagon de l'autre.

Si le platier ne se révèle absolument pas navigable, il permet cependant le passage d'innombrables poissons habiles à se glisser dans les moindres ravines, les plus infimes goulets, quitte pour les plus gros à nager à mi-corps, ou même à patienter jusqu'aux grandes marées.

Perroquets multicolores, carangues en rangs serrés, perches en troupeaux compacts, chaetodons, becs-de-cane, poissons-flûtes et bien d'autres évoluent ici dans un ballet gigantesque et féerique.

Vers le milieu du canal se dresse, telle une bastide, un massif corallien, riches de grottes, d'éperons, de labyrinthes, de caches de toutes sortes. Bref, un repaire à brigands. Poissons-soldats, mérous, lutjans, murènes, napoléons, tamuré, ils sont tous là, prêts à livrer bataille.

Et puis, çà et là un requin, fier, majestueux, superbe de perfection.

Nous sommes éblouis de vie, de couleurs, de beauté. Nous flottons presque immobiles, à la fois observateurs et observés. Rien ne presse.

Il y a bien longtemps que je me suis familiarisé au monde sous-marin. Et je ne m'en lasse pas. Jamais. Sous l'eau, je suis un autre homme dans un monde différent. Je suis plus nanti, plus riche, plus responsable aussi. Je me souviens pourtant qu'au début la présence d'un requin accaparait toute mon attention, rendant toute autre activité impossible.

Comment se comporte Danièle ?

1. Encablure : environ 200 mètres ou 120 brasses.

Elle regarde bien sûr les squales, surtout le plus gros des trois qui nous tournent autour. Elle semble hypnotisée. Est-ce la peur qui la fige ainsi ?

Je lui touche l'épaule. Elle sursaute puis m'interroge des yeux. Nous sortons la tête hors de l'eau pour nous parler.

— Ça va ?

— Les requins...

— Tu as peur ?

— Qu'ils sont beaux. Superbes !

Elle a presque crié. Pour moi, c'est comme une flèche de joie. Ça va bien : Danièle a opté instinctivement pour le bon côté de l'affaire. Je sais à l'instant que nous ferons équipe, même sous l'eau. Je peux replonger la tête, d'ailleurs je n'aime pas rester ainsi le nez en l'air, sans savoir ce qui se passe en dessous.

Plus d'une heure est passée. Nous sommes rassasiés d'images, la chasse peut commencer. Je n'ai que l'embarras du choix, je tranche donc en faveur de l'animal le plus méfiant, certain de pouvoir approcher les moins farouches malgré l'effervescence qui va se produire.

Paressant dans le dédale corallien, un groupe de perroquets, parmi eux un superbe grand-bleu [1]. C'est celui-là que je veux.

L'important est de ne pas lui donner l'impression de s'intéresser à lui. S'approcher presque avec nonchalance. Inspirer profondément cinq ou six fois, pas plus, pas jusqu'à l'ivresse. Tourner ostensiblement la tête ailleurs, plonger derrière lui sans un battement de palmes, rigoureusement vertical, tuba libéré pour éviter les bulles. Pincer le nez entre pouce et index, souffler pour créer une légère surpression et équilibrer les tympans. Se couler à l'abri d'une corniche corallienne, ignorer tous les autres poissons même s'ils paraissent à l'instant plus beaux, plus proches, plus vulnérables. S'immobiliser, attendre que celui choisi se présente par le travers ou, mieux, légèrement par

1. Grand-bleu (*uhu raepu* en maori) : *Scarus gibbus* (Rüppell).

l'arrière et, fusil pointé à bout de bras, appuyer délicatement sur la détente.

La flèche est partie, en douceur. Une flèche fine et longue, qui n'a aucune chance de tuer sa victime. Elle ne possède pratiquement pas de puissance de choc, et pourtant quelle menace ! Toute en pénétration, c'est une aiguille qui s'enfonce dans les chairs, sans effort. Tirée de face, elle aurait ricoché sur la cuirasse des écailles, éventuellement en arrachant l'une d'elles, juste une. Mais par l'arrière, là où la protection se relâche, le carreau transperce à coup sûr le perroquet qui déjà se débat furieusement, affolant tous ses congénères.

Il faut faire vite, très vite à présent. Surtout ne pas haler le poisson par le fil ou par la flèche. Dans le premier cas, il s'entortillerait autour de mes jambes en une sarabande effrénée ; dans le second, il trouverait un point d'appui pour se déchirer et se libérer. Au contraire, plonger sur lui, l'immobiliser sur l'ardillon et remonter sans perdre une seconde.

Tous les requins sont déjà là. Au moment de l'impact, ils ont pivoté sur place, instantanément alertés par le bruit et les vibrations du poisson en détresse. Mais je sais qu'ils ne chargeront pas tout de suite. Ils ne comprennent pas encore, interloqués par un événement jamais vu. Il leur faudra un certain temps avant qu'ils assimilent. Plus tard, l'expérience aidant, le seul sifflement d'une flèche sous l'eau, même lorsqu'elle aura manqué son but, suffira pour les précipiter vers le chasseur, avides de lui dérober une proie facile. Et, pour cette expérience-là, plus tard signifie quelques minutes, quelques secondes parfois.

Je refais surface, le poisson tendu à bout de bras hors de l'eau, et je nage de toutes mes forces vers le rivage, surveillant attentivement l'animation qui règne sous moi. Le poisson se débat toujours, mais hors de vue et hors des perceptions vibratoires des squales. Par contre, il saigne. De plus ses boyaux perforés laissent sourdre une abondante bouillie jaunâtre et visqueuse qui coule sur mon bras : une traînée certainement très alléchante.

Nous gagnons la rive en même temps, Danièle et moi.

— Superbe. Du premier coup !

— Oui, je suis content. Faut dire qu'ils sont faciles pour l'instant, mais ça ne durera pas. Ils apprendront vite à se méfier. Au bout de trois ou quatre fois, ce sera fini. Nous devrons changer de coin.

— Je veux essayer aussi.

— Bonne idée.

— Qu'est-ce que tu fais encore ? Il ne bouge plus, il ne va plus se sauver.

— Tu vois ces oiseaux ? Et le soleil ? Tu ne penses pas qu'il sera mieux à l'abri et à l'ombre ?

Dans le ciel, trois ou quatre fous tournoient déjà dans l'espoir d'un festin à bon marché. Je pose quelques grosses pierres sur mon poisson.

Nous retournons à l'eau. Les requins nous épient avec plus d'attention à présent. Quatre ou cinq ou plus, c'est difficile à dire car ils se déplacent, disparaissent, réapparaissent. Tous des *mauri*, c'est-à-dire des ailerons noirs [1], magnifiquement profilés. Taille entre un mètre vingt et un mètre quatre-vingts.

Danièle plonge sur une carangue. Trop vite à mon gré. Elle ne s'est pas ventilée, elle ne tiendra pas l'apnée. La flèche passe à plus d'un mètre de l'animal.

— Il fallait appeler la carangue.

— Tu plaisantes ?

— Tu grognes dans le tuba. Elle serait venue comme un chien.

Danièle replonge la tête sous l'eau. Pas très bien comprise, cette histoire d'appeler les carangues. Puisqu'elles se sauvent si vite, essayons ces gros balourds de mérous. Justement voilà un *kito* [2] tacheté brun et crème, immobile devant sa tanière, la gueule ouverte, les yeux sur nous, hébété à souhait.

Nous l'avons vu en même temps. Je touche l'épaule de ma chasseresse.

1. Aileron noir du récif : *Carcharhinus melanopterus*.
2. *Kito* : loche marbrée (*Epinephelus microdon*).

— Ne vise pas trop longtemps.

Elle sonde à nouveau. Sans bruit, sans mouvement inutile. Elle s'est ventilée. Elle a fait son tour d'horizon. Puis elle a concentré toute son attention sur sa proie. Elle s'approche doucement, à la verticale, et tire, un peu trop tôt à mon sens. Non, le mérou est là, cabré dans l'agonie d'une flèche fixée en pleine tête.

Danièle se précipite, saisit l'animal, le brandit hors de l'eau et se hâte vers la berge pendant que je couvre ses arrières.

Cette fois ils ont compris. Plongeur égal flèche égal sang. La prochaine fois sera sûrement la bonne.

— Paul, aide-moi. Qu'est-ce que je dois faire ?

— L'achever.

— Aide-moi... Je t'en prie je n'aime pas faire ça.

— Alors il ne fallait pas commencer...

Dans le ciel un groupe de pailles-en-queue[1] a rejoint les fous. Siki nous observe, couchée sous le bosquet le plus ombreux des environs.

Nos deux poissons pèsent environ dix kilos. La sagesse serait d'arrêter la chasse car nous ne pouvons guère conserver la viande. Pourtant la facilité, l'excitation, et aussi cette histoire de carangues... J'aimerais conclure en beauté. Nous retournons dans l'eau.

C'est toujours l'aquarium de Dieu[2] avec cependant une nuance de méfiance pour certains, d'intérêt accru pour d'autres... Mais pas de carangue en vue.

Je plonge et, cramponné sur le fond, je bats des palmes, laborieusement, jusqu'à former un nuage opaque de sables détritiques. Puis je refais surface et me ventile avec application. Je suis prêt. Si carangues il y a, elles viendront, attirées par leur insatiable curiosité. Le brassage du fond, voilà bien une chose insolite digne d'intérêt, non ?

Et ça marche.

1. Paille-en-queue : *Phaeton lepturus* (*petea* en maori).

2. *L'Aquarium de Dieu* : titre d'un livre magnifique de B. Gorsky.

Je ne vois plus qu'elles. Un couple de carangues bleues[1], hésitant encore à venir sur moi ou à sonder dans le brouillard qui lentement se dissipe dix mètres plus bas. Je grogne dans le tuba. Cinq ou six fois. Une sorte de son rauque, râpeux, émis très en arrière, dans la gorge.

Plus d'hésitation. Elles obliquent droit sur moi. Je sonde à deux mètres à peine. C'est le moment. Je tire. Et c'est à l'instant le départ fulgurant de l'animal blessé. J'ai lâché le fusil pour saisir le fil qui le reliait au flotteur et donner du mou progressivement. Au bout de sa flèche, le poisson s'affole en traçant de grands cercles désordonnés. N'ayant aucun point fixe, il ne peut se déchirer et donc se libérer. Sous l'eau, j'entends nettement ses cris de détresse, succession rapide de grognements semblables à ceux que j'ai moi-même émis.

Je n'aime pas ça, cette agitation frénétique, ces appels, ce sang. Nous ne sommes pas seuls, que diable !

Les requins ont changé de comportement. Rien ne les excite plus qu'une carangue blessée et glapissante. Leur nage est à présent rapide, saccadée. Ils obliquent à angle aigu, museau dressé, corps contorsionné, appuyé sur des pectorales raidies vers le bas.

Soudain, une ombre plus grosse, jaillie de nulle part. C'est tout juste si j'analyse sa taille et sa forme. Près de trois mètres, une couleur jaune sale, uniforme, deux dorsales très hautes.

Un choc sur le fil, brutal, massif et la flèche vide.

Le requin tourne lentement sur lui-même et s'immobilise par le travers. Il a déjà avalé la carangue. Il me fixe d'un seul œil, un œil rond, petit, doré, froid.

Peur ? Oui et non. Plutôt la conscience aiguë de devoir sortir de l'eau, sans panique mais sans retard. Ne pas détourner le regard, reprendre le fusil en main. Nager calmement vers le rivage tout proche. Danièle a compris elle aussi. À l'insouciance aveu-

1. Carangue bleue : *Caranx melampygus* (*paihere* en tahitien).

gle du néophyte auquel le hasard a épargné l'accident du premier contact, a fait place instantanément la certitude que les choses ont changé.

Nous sortons de l'eau.

La bête n'a pas bougé.

— Un *arava*[1], un requin-citron. Sale impression. C'est la première fois que j'en vois un sous l'eau. C'était pas le moment de traîner.

— Crois-tu qu'il aurait pu attaquer ?

— Oui.

— Qu'cst-cc qu'on aurait pu faire ?

— Rien.

Les pailles-en-queue ont disparu. Très haut une frégate plane, bien à l'abri, elle. Je me mouche bruyamment.

À présent les cartes sont différentes. Un arava dans le lagon, c'est sérieux. Sûr qu'il n'est pas seul.

L'arava est l'animal le plus dangereux qui soit. Bagnis[2] prétend qu'on en a vu s'acharner sur des pirogues, mordre le corail à pleines dents pour atteindre un plongeur réfugié dessus. Il suffit que le requin soit blessé ou même simplement agacé. Est-ce qu'une carangue ne l'agace pas ?

— Je l'aurai.

— Tu es fou ?

— Je l'aurai, je te dis.

— Tu ne vas pas te remettre à l'eau ?

— Non, mais je l'aurai. Je ne sais pas encore quand et comment, mais je suis sûr que je l'aurai.

Quatre jours après je me crevais un tympan à moins de cinq mètres de fond.

1. *Arava* : requin-citron (*Negaprion acutidens*).

2. Bagnis : médecin spécialiste de la Ciguatera, auteur du remarquable ouvrage *Les Poissons de Polynésie*.

CHAPITRE VIII

L'épave

Danièle s'occupe de la nourriture. Elle entasse pêle-mêle confitures, pâtés, sachets de thé, paquets de sucre. Elle découvre des spécialités venues d'Allemagne, du Brésil, de l'Équateur et imagine déjà des menus aux potages de légumes, suivis de bananes séchées et de compotes aux goyaves.

Moi, je fouille dans l'outillage où j'ai la main heureuse. D'abord une cisaille, une bonne grosse cisaille, tellement plus efficace que la mienne : je spécule sur la confection des cages ! Puis deux vélos pliants, passablement rouillés il est vrai, mais tout de même, deux cadres et quatre roues : on peut en faire des choses avec ça !

Nous sommes à nouveau à bord du *Yin-Yang*.

Ce bateau, c'est notre caverne d'Ali Baba ! Avec méthode nous avons entrepris de le vider de tout objet de valeur. Il est temps ! Depuis notre première visite, la mer s'est acharnée sur l'épave. Les coups de vent des mois passés ont couché le yacht, agrandi la brèche, inondé les fonds. Une foule d'objets flottent dans un mélange d'eau de mer et de mazout dans lequel nous pataugeons nous-mêmes. Les quelques aménagements qui résistaient alors sont tous rompus, dégorgeant davantage leur contenu à chaque coup de tabac. Tout part à vau-l'eau.

Je crois que le voilier aurait pu être sauvé dans les premiers temps, mais les répercussions de la dépression Lisa, au début de notre séjour, lui auront été fatales. Telle quelle, l'épave est perdue.

J'ai promis au propriétaire de récupérer le maximum de choses, et j'ai honte de m'atteler à la tâche avec un tel retard. Mais comment aurions-nous pu faire mieux ? Il est au diable ce *Yin-Yang*. Plus d'une demi-journée de marche aller-retour. Et dans quelle situation étions-nous nous-mêmes ? Non, il fallait d'abord rapatrier notre équipement, échafauder notre campement, mettre en train notre propre aventure.

Avec le tympan crevé, plus rien ne presse. Je ne pourrai pas récupérer les tuyaux nécessaires à la fabrication des plates-formes sous-marines avant au moins un mois et demi. Je ne risquerai pas une otite suppurée chronique en m'obstinant à plonger quand même. Je n'ignore pas que nombre de pêcheurs de perles ou d'éponges exercent leur métier malgré cet accident. Mais savent-ils que la surdité en sera l'issue quasiment inéluctable ? Savent-ils aussi qu'ils risquent l'abcès au cerveau ? Moi oui. Je paie déjà assez cher d'avoir plongé étant enrhumé. Je ne mettrai pas ma sécurité en balance avec une cargaison de tuyaux, ni même un lot de dix mille nacres.

À bord, nous œuvrons comme des fourmis. Tout est visité, trié, évalué, soupesé et en général emporté. Danièle en a fini avec les pots et les conserves. Elle s'active autour des livres à présent. Ah ! les livres, son jardin secret, sa passion ! La pauvre était bien défavorisée. Dans nos bagages, seulement quelques volumes techniques sur les poissons, les coquillages et nos éléments mécaniques. Rien de plus à cause du poids ! Par contre, là, sur les rayons les bouquins ne manquent pas. Hélas, ils sont imprimés en allemand, en anglais, en espagnol, et Danièle ne parle aucune de ces langues. En désespoir de cause elle opte pour quelques manuels d'initiation genre *Faire son pain*, ou encore *L'art du macramé*, quitte à fouiller dans un dictionnaire franco-allemand heureusement présent dans le lot. Puis elle jette son dévolu sur les ravissantes petites lampes à pétrole, un peu de vaisselle, un superbe alcarazas.

Moi, ce sont plutôt les coussins qui me fascinent. Une vingtaine de sièges et dosserets, moelleux et doux, de quoi faire des relax, des fauteuils et même un matelas.

Les caillebotis me plaisent aussi. Je les vois déjà artistiquement reconditionnés en vraie cuisine où Danièle prendra plaisir à travailler.

Les winches enfin excitent ma convoitise. D'ailleurs tous les hommes de bateaux ont pour ces objets les yeux de Chimène. Surtout ne rien casser, nous avons tout le temps. D'abord imprégner les vis d'un dégrippant, et si nécessaire recommencer à chaque visite. Je réserve à plus tard de les réduire à merci. Il faudra bien qu'elles s'ébranlent enfin dans leurs filetages, au besoin sous les coups d'un maillet frappé sur un gros tournevis. Puis je passerai aux poulies, aux cordages, aux voiles.

Dans quelques jours je démonterai le gouvernail, la bôme et pourquoi pas le grand mât et son haubanage ?

Entre le récif et le lagon nous avons à nouveau ébauché une piste. Quelle île ! Bon Dieu, quelle île ! Un fouillis de pandanus griffus dans un gigantesque éboulis de corail. Il a fallu défricher et niveler une fois de plus pour rendre possibles nos velléités de pilleurs d'épaves.

Environ une ou deux fois par semaine nous nous rendons sur le lieu du naufrage. À l'évidence c'est la fin. Il devient presque impossible de se déplacer dans la cabine ; la nappe de fuel et d'eau de mer nous arrive aux genoux. Le bateau gîté à plus de 45° subit de formidables ébranlements à chaque coup de boutoir. Ça devient dangereux. La mer cogne : qu'une lame de fond surgisse et nous serons précipités sur les tranchants des cloisons éclatées, culbutés dans un épouvantable magma poisseux et malodorant.

D'ailleurs que reste-t-il à sauver ? Peu de chose. Il est temps de refaire surface. Les violentes secousses, les grondements de la tôle blessée, l'odeur insoutenable de la cabine inondée, tout nous incite à fuir.

Sur la grève Danièle apparaît, pâle comme une morte. Soudain elle vomit.

— Viens, Danièle, nous partons. Sinon ça va mal finir sur ce rafiot.

— Pouah ! Quelle saleté. Tu ne me feras plus monter là-dedans.

— Oui, ce n'est pas ragoûtant, mais tu es tout de même contente d'avoir récupéré tes bouquins et tes marmelades.

— Écoute, Paul, je suis fatiguée de ce bateau. Arrive que pourra. Tu iras seul si tu veux.

— Oh oh ! quelle mouche t'a piquée ?

— Nous avons mis des semaines et des mois à trimbaler nos propres affaires, d'autres semaines encore à charrier celles-ci. Je t'ai aidé à faire les chemins, à couper les arbres, à clouer, scier, porter. Le soir je fais la tambouille. Le jour je fais le linge, je nourris les poulets, je cherche du bois, je fais la vaisselle, je pêche, je plonge, je fais tout, tout ce que tu veux. Mais ce bateau, j'en ai marre. Ces mâts, ces voiles, ces chaînes, qu'est-ce qu'on va en faire ? Il est fichu, ce bateau. Ça ne rime à rien de s'esquinter sur ce tas de rouille. Ils n'avaient qu'à venir le chercher. Moi, je n'en peux plus. Je n'en veux plus. Je suis d'accord pour l'île, la solitude, tous les risques et toutes les fatigues. Mais ça, non. C'est du temps perdu. Du gâchis. Si tu ne sais plus t'arrêter, moi j'abandonne.

— Compris. Allez, en route. Le temps se gâte.

Trois jours plus tard, je tombe en arrêt devant un bateau naviguant à frôler le récif.

L'orage a grondé deux jours et deux nuits et j'ai profité du beau temps revenu pour marauder les crabes de cocotier dans la forêt. Le retour sera plus rapide par la plage. Mais là, pile au sortir du bois, je me trouve nez à nez avec ce navire qui, à l'instant, envahit mes yeux, mon esprit, mon angoisse...

Danièle, toute seule là-bas, insouciante et inconsciente. Un fusil chargé sous la tente. Un autre au faré. Ne pas bouger, peut-être ne m'a-t-on pas vu. Que font-ils si près ? Trouver un point de débarquement, bien sûr. Mais ce bateau, enfin, qu'est-ce que c'est ?

Tout se bouscule dans ma tête. À présent les idées s'organisent cohérentes. L'équipage fouille la côte à la recherche d'un débarquement possible. Moins de deux cents mètres nous séparent. On m'a vu. Identifier ce bateau. Ça fait bien deux ou trois secondes que j'ai eu le choc... Trois secondes pour me rendre à l'évidence. Un remorqueur... Un gros et costaud remorqueur de haute mer. Sans aucun doute possible l'*Aïto* de Papeete. Dans un instant son nom devrait apparaître à l'arrière. Un remorqueur pour renflouer le *Yin-Yang*. Une mission pour rien. Trop tard. À bord, des marins de Tahiti, peut-être un copain, peut-être le skipper de l'épave.

Lentement je lève la main, comme au sortir d'un cauchemar. Quatre ou cinq bras me répondent. Ils me font signe de les suivre. Bien sûr, j'arrive. Mais d'abord prévenir Danièle, ensuite je vous guiderai. Bon sang quelle surprise!

Dans le Zodiac, six hommes. À l'avant, un vieux baroudeur du récif, Vaea, athlète aux cheveux blancs, une vieille connaissance. Au milieu trois Popaa, hirsutes et barbus en diable. Certainement des yachtmen. À l'arrière, le barreur et son aide.

Vaea a sauté en premier, immédiatement suivi par les cinq autres. J'ai empoigné le canot et nous le halons le plus loin possible des vagues qui rebondissent sur les boudins de caoutchouc. L'embarcation à l'abri, les salutations peuvent enfin commencer. Vaea donne le ton.

— *Hei, Taote, maitai* (Hé, Docteur ça va)?

— Et toi, vieux bandit? Ta femme t'a laissé partir?

— *Hei! Ehia outou* (Combien êtes-vous)?

— *Piti* (deux).

— Ia, Taote, tsss, tsss, tsss.

Et il rit. C'est sa façon à lui de montrer l'intérêt qu'il nous porte. Il rit. Il a compris en une fraction de seconde, la solitude, les difficultés, les joies, les angoisses. Il rit ou plutôt il sourit maintenant. Un vaste sourire de malice et de complicité. Et je ris moi aussi, croché au plus noir de ses pupilles.

Les barbus paraissent interloqués. Ne comprenant pas le tahitien, ils imaginent quelques grosses blagues, bien savoureuses.

C'est pourtant tellement plus simple !

— *Doctor* Zumbiehl ?

— Frühbus ?

D'instinct je tutoie l'ex-naufragé. Peut-être l'impression d'avoir déjà tant de choses en commun.

— Jamais je n'aurais pensé que tu viennes encore chercher ton bateau. J'ai peur que ce soit trop tard. Depuis le temps qu'il est au sec, il a souffert. Pourquoi as-tu mis si longtemps ?

— L'assurance, les papiers, les télégrammes, le téléphone. *Verrückt* (C'est fou).

— Tu aurais dû essayer de me contacter par radio. Je t'aurais déconseillé de venir.

— *Hab ich gemacht. Keine Antwort* (C'est ce que j'ai fait. Pas de réponse). Mais le bateau est bon. Après trois mois de travail il sera comme avant.

Vaea le Tahitien intervient.

— Nous sommes là depuis ce matin. Nous avons beaucoup travaillé. Tout a été vidé et la cabine a été bourrée de chambres à air de camion. Demain nous pourrons partir.

Je suis stupéfait.

— Et le trou dans la coque, tu l'as vu ou non ?

— *E, ua ite pai* (Je l'ai vu bien sûr). Le trou est fermé. Nous avons soudé toute la journée. *Maitai* (C'est bon).

Du coup je me tourne vers Frühbus.

— Alors là chapeau ! J'ai du mal à croire que tu pourras sauver ton bateau, mais tu le mérites. En attendant, viens voir. Nous avons récupéré pas mal de choses. Tu seras content.

Là-haut dans le vieux faré, séchés, nettoyés, astiqués, les mille et un objets arrachés à l'épave. Le jeune Allemand jauge sa bonne fortune d'un regard circulaire. Tout est là. Enfin ses yeux se plissent, enfin il esquisse un vague sourire... Mais l'heure tourne, déjà le soleil affleure l'horizon. Dans peu il fera nuit. Chacun charge au maximum de ses possibilités. Pour nous, cela ne déroge guère aux habitudes... Et bien vite la petite colonne s'en retourne sur le platier.

Le barreur est resté à la surveillance du Zodiac. Dans sa main un talkie-walkie.

— Taote, le capitaine. Parler à toi.

— Comment s'appelle-t-il ?

— Euh... Peters.

— Passe-le-moi.

— Attends, j'appelle : *Tomana Tomana, O Taote io nei. Na oe* (Capitaine, Capitaine, le docteur est là. À toi).

— Taote, ici le capitaine. Iaorana. Comment ça va ?

— Bonjour, Tomana, bonjour. On ne vous attendait plus. Tu crois que ça va marcher pour le *Yin-Yang* ? À toi.

— On peut essayer, *pai* (pardi).

— Je vous le souhaite. Je viendrai voir ça.

— Demain matin. Très tôt.

— Oui, on y sera.

— E, Taote, ça va pour toi ?

— Oui oui, très bien. Merci.

— Et ta *vahiné* (femme) ?

— Pas de problème. On tient le coup tous les deux.

— E, si tu as besoin de quelque chose hein ? Tout ce que tu veux. Tout ce qu'il y a sur le bateau. À toi.

— Tu es chic, Tomana. Merci. Mais on n'a besoin de rien.

— Tu me dis seulement. Y a tout ce qu'il faut.

— Écoute, si tu peux me faire envoyer une petite bouteille de dégrippant, tu sais, genre Transyl ou WD 40, en bombe. Ça oui, c'est la seule chose qui nous manque. À toi.

— Okay, Taote, bien compris. WD 40. Rien d'autre ?

— Non non. *Mauruuru* (Merci). Ça va bien. Je te ferai passer une lettre pour la famille, si tu veux bien la poster à Papeete.

— Oui, bien sûr. Allez terminé. Hein. Iaorana.

— Merci. Terminé aussi. Iaorana, Tomana.

Dix minutes après, le dinghy se range à couple du remorqueur déjà illuminé de tous ses feux. Sur le récif, Danièle et moi nous nous sentons tout drôles. Nous avons de la visite. Nous pourrions même quitter l'île si nous le voulions...

Le lendemain, aux aurores nous sommes sur pied. D'abord rassembler ce qui reste des affaires du *Yin-Yang* et en faire des ballots qui seront aisément transportables sur le Zodiac. Que tout soit prêt car un navire ne traîne jamais. Chaque jour en mer, c'est beaucoup d'argent. Un gros remorqueur sur de telles distances se paie très cher. Ce renflouage coûtera une fortune à Frühbus. Pourvu que l'assurance ne lui claque pas dans les doigts.

J'avoue que ce n'est pas sans vague à l'âme que j'emballe les winches et le reste. Que dire aussi des vélos ? Des jours et des jours de travail : rinçage, brossage, dégrippage, démontage, graissage, réassemblage.

Certes je n'envisageais pas une seconde de m'approprier ce matériel. Tout de même, si nous avions pu nous en servir la durée du séjour : les cordages et les poulies pour hisser nos bateaux sur leurs slips, les voiles en guise de stores, les vélos tranformés en remorques, les coussins en matelas... tout, quoi !

Danièle aussi a le cœur lourd. Elle se rappelle des lessives monstrueuses de vêtements et de couvertures tout souillés de gas-oil. Elle aime bien son petit sablier pour minuter les œufs — pas encore pondus d'ailleurs !

— Quel boulot pour rien ! Oh ! Paul, j'ai hâte qu'ils s'en aillent maintenant.

— Tu n'es guère charitable. Ils débarquent à peine.

— C'est notre île, notre univers. On venait tout juste de terminer de rapporter tout ce bric-à-brac, ces trésors, comme tu dis. On commençait enfin à profiter de notre travail, à organiser notre vie, à y voir clair. Et ils arrivent comme des éléphants. Tout nous glisse entre les doigts. Nous n'avons même rien à dire.

— Écoute, Danièle, nous étions parés sans ce naufrage. Tout ça c'est de l'extra. On s'en passera aussi bien. Maintenant je souhaiterais aller au *Yin-Yang* voir comment ils s'y prennent.

— Allons-y si tu veux.

Là-bas sur le récif, règne une animation peu ordinaire. Au large l'*Aïto*. Sur le Zodiac, au ras du ressac, trois marins. Sur le platier, empêtrés dans les cordages, trois hommes. Enfin sur la grève, Frühbus, les yeux très pâles, très bleus, pleins de son bateau, son travail, son rêve. Des yeux pleins de détresse, pleins de solitude.

Et, comme un sanglier blessé continuant à faire front, le *Yin-Yang* acculé dans sa faille, massif, inébranlable, livrant son dernier combat.

Le cotre a été ceinturé par une forte aussière qui court deux ou trois fois autour de la coque. Sur l'avant de cet amarrage, juste sous le nez d'étrave, c'est-à-dire côté terre, est frappée une énorme remorque flottante que les hommes du Zodiac essaient de porter au *Aïto*.

Le temps n'est pas favorable. Une forte houle bat la côte et la manœuvre, simple en théorie, se révèle compliquée à mettre en œuvre. Les vagues entortillent sans arrêt le cordage dans les crêtes alguales du platier.

Enfin les conditions sont bonnes. Le remorqueur hale de toutes ses forces pour arracher le voilier à ses fers de corail. Le capitaine Peters fait effectuer un demi-tour complet à l'épave, de sorte qu'elle pivote et s'engage par l'avant. Il aurait été plus simple de tracter par l'arrière mais l'encastrement diabolique de l'étambot[1] ne le permet pas.

Trois fois les amarres se rompent. La quatrième tentative est la bonne.

1. Étambot : pièce arrière de la coque portant les ferrures de gouvernail.

10

10. Danièle auprès du petit dériveur abandonné à Ahunui depuis des années. Il y est encore. — 11. Il faut se couler dans l'eau tiède (Ph. H. Pouliquen)

11

◁ **12.** Nous sommes éblouis de vie, de couleurs, et de beauté (Ph. H. Pouliquen)

13

14

13. La seule construction en dur, avec la citerne. — **14.** Blindé articulé aux formidables pinces : le crabe des cocotiers

15

15. Prise de vue au lendemain du premier cyclone. — **16.** Çà et là, un requin, fier, majestueux, superbe de perfection (Ph. H. Pouliquen)

16

La coque craque sur le corail. Peu à peu le yacht se dresse à la verticale, l'avant pointé vers le ciel. Il vire sur place puis roule, se couche sur le flanc et, gémissant et grinçant de toutes ses meurtrissures, s'aventure péniblement dans les déferlantes, comme un chien en laisse.

Dans l'eau le voilier s'enfonce, lentement, puis de plus en plus vite. À l'évidence, il va couler. Un marin est resté sur l'épave. Il hèle le Zodiac à grands cris et saute à son bord avec l'agilité d'un chat. Le *Yin-Yang* est abandonné une nouvelle fois. Frühbus, les larmes aux yeux, détourne le regard.

La mer affleure la lisse de pavois puis recouvre le pont jusqu'à ce que seuls le poste de pilotage et le mât émergent encore. Mais le *Yin-Yang* se refuse à un deuxième naufrage. Il se stabilise. Il flotte ! À grand-peine. Mais il flotte !

Doucement, comme on ferait avec un grand malade, l'*Aïto* s'en va, traînant sa remorque à l'abri de la côte sous le vent.

Danièle a oublié son amertume.

— Pauvre bateau, j'ai bien cru qu'il allait faire un trou dans l'eau.

— Ils devront colmater sérieusement, parce que, jusqu'à Tahiti, ils n'auront aucune chance. C'est un sous-marin qu'ils traînent.

— Certainement qu'ils s'arrêteront à Hao.

— S'ils y arrivent.

— Tu ne crois pas que tu avais raison ? Qu'il est perdu ce bateau ?

À six dans notre baleinière nous regagnons le campement par le lagon. Nous évitons toute question au malheureux skipper. Son regard fixe sur l'horizon, son visage crispé, ses larmes... Nous naviguons en silence.

Le Zodiac nous a rejoints en contournant l'île par le large. Sans joie nous chargeons les colis préparés ce matin. Et, comme un malheur n'arrive jamais seul, le départ du dinghy cafouille lamentablement. Quatre ou cinq vagues submergent l'embarcation.

Danièle et moi avons tant peiné à soustraire ces étoffes, ces coussins, ces livres, à l'action dévastatrice de la mer. Voilà que tout trempe, tout nage dans le petit bateau et autour de lui. Frühbus est atterré.

Presque un an plus tard, à notre retour à Tahiti, nous retrouverons le *Yin-Yang* rouillé, abandonné sur les quais de la cale de halage. Après d'insurmontables difficultés, Frühbus était retourné en Allemagne pour travailler quelque part en Forêt-Noire, loin des bateaux...

CHAPITRE IX

Les bouées japonaises

— Crois-tu que nous y arriverons ?

— Je n'imagine pas d'en laisser un morceau.

— Ça fait beaucoup, tu sais, tu risques de te rendre malade.

— Oh ! un kilo de viande par jour, ça devrait passer !

— Chic type, ce capitaine !

— Oui. Il a voulu nous faire plaisir sans qu'on lui demande quoi que ce soit.

— Et Frühbus, tu te souviens, pas la moindre hésitation pour nous laisser tout ça.

Depuis trois jours nous sommes à nouveau seuls. Le remorqueur se balance quelque part entre Ahunui et Tahiti, traînant le voilier dans son sillage. Pendant deux jours, à l'abri de la côte sous le vent, les hommes ont travaillé sur le yacht à colmater les brèches, souder les tôles, empiler des flotteurs dans la cabine et installer des pompes dans les fonds.

Magnanime, Frühbus nous a fait cadeau de toute la nourriture que nous avions extraite de son bateau. Il a même ajouté une paire d'avirons pour notre baleinière et une petite corne de brume, bien pratique pour nous appeler l'un l'autre dans la cocoteraie.

Quant au capitaine Peters, il a tenu parole. Deux hommes chargés de flacons de dégrippant sont venus nous dire un dernier adieu de sa part. Ils apportaient aussi un filet de bœuf de quatre ou cinq kilos que Danièle a entrepris de faire cuire immédiatement, puisque nous ne pouvons conserver cette viande.

Au programme, matin, midi et soir : steak ! Pendant trois jours.

— *Vent'la pètè, bon mangé pas gaté.*

— Et en clair ?

— C'est un proverbe guadeloupéen. Il vaut mieux se faire péter le ventre que de laisser gâter une bonne nourriture.

— Tu sembles avoir retenu la leçon.

— Le dernier steak remonte à quelques mois, quant au prochain...

— Dans six mois ?

— Si Dieu le veut.

Sous nos pieds grouille tout un monde de bernard-l'ermite attirés par le fumet de cette provende.

La chienne semble figée, dressée sur son arrière-train, les yeux en vigie, le cerveau dévasté par le souvenir d'anciennes odeurs.

— Tu envisages quoi pour aujourd'hui ?

— Entretien du matériel.

— Tes flacons de WD 40 ne dureront pas longtemps.

— Jusqu'à notre départ.

— C'est la première fois que tu parles de partir.

— Je parle de durer. C'est l'inverse.

— Et bien, moi, je ferai une grande lessive. Tu veux bien me couper deux nouvelles bassines ?

— Pourquoi ne les coupes-tu pas toi-même ?

— Je suis maladroite. S'il te plaît, fais-le pour moi.

— Bon, d'accord. Je suppose que je devrai aussi tendre une corde à linge ?

— Oh non, je peux le faire moi-même. Enfin si tu m'aides, ça ira plus vite.

— Alors commençons par toi tout de suite, parce qu'après je veux m'occuper d'autre chose.

Près du lagon, sous l'appentis à bateau, se trouve notre collection de bouées japonaises, enrichie à l'occasion de nos excursions tout autour de l'île.

Ces bouées rejetées par la mer auront été arrachées par la tempête ou même par un poisson particulièrement combatif.

De quoi s'agit-il ?

Capturer des thons, des tonnes et des tonnes de thons. Dans ce but les Japonais ont mis au point une technique redoutable : la longue ligne.

La théorie paraît simple. On immerge une ligne horizontale sur laquelle des brins verticaux soutiennent de place en place des hameçons.

Longueur de la ligne : 150 à 200 kilomètres !

Espacement des hameçons : environ 50 mètres !

Sustentation par des bouées environ tous les 400 mètres.

La pratique est cependant plus complexe.

Au plan technique d'abord, puisqu'un tel engin pèse son poids... La ligne, mouillée avant le jour entre 2 heures et 7 heures du matin, est relevée à peu près à partir de midi jusque vers minuit. Un rude travail !

Ensuite, au plan « scientifique » puisqu'il faut poser le système au bon endroit, au bon moment, donc connaître les migrations des thons, la profondeur, la température d'eau, etc.

Mais, pour nous, seuls sur notre caillou, les bouées retrouvent une utilisation pacifique : je les transforme en bassines à linge, en lavabo, en pétrin, en récipients aux multiples usages, et parfois même je les emploie comme bouées !

Un trait de scie et le tour est joué. Danièle me gratifie d'un sourire et me tend la cordelette.

— Tu n'oublies rien, non ?

— Ça encore. Après je ne te demanderai plus rien.

C'est vrai, Danièle se transforme en lavandière. Je peux me consacrer à mes propres travaux.

La caméra en premier.

Lors du renflouage du voilier nous avons tourné près du récif, dans les embruns. Bien sûr nous avons protégé l'appareil, ne le découvrant que le strict minimum. Nous l'avons consciencieusement bichonné le soir même, mais aujourd'hui je veux tout reprendre à zéro, démonter les pièces, les nettoyer à l'eau douce, les sécher, les enduire d'une infime pellicule protectrice. Je veux nettoyer aussi les objectifs.

Tenter enfin de réparer le mécanisme d'enroulement de film de l'appareil photo qui nous a lâchés le jour même de l'embarquement à Tahiti. Depuis, nous ne savons jamais si oui ou non le film se dévide correctement. Nous photographions quand même, mais avec toujours la crainte de superposer les images. Je démonte, je bricole tant et plus, sans succès.

Ce machin-là, jamais pendant toute la durée du séjour, je n'arriverai à le réparer. Nous ferons environ neuf cents photos. Résultat : une trentaine de bonnes !

Les posemètres créent un autre problème. Sur les trois, aucun ne donne le même résultat. J'ai beau tenir compte des corrections propres à chacun d'eux, les différences oscillent d'un à quatre diaphragmes. Lequel croire ?

J'effectue plus d'une centaine de tests pour finir par décoller accidentellement la bague de réglage du posemètre couplé au téléobjectif. Où était-elle calée ? La solution est toute simple bien sûr. Filmer, développer, visionner. C'est ou trop clair ou trop sombre. En tenir compte. Oui, mais développer où ? Visionner comment ? Nous sommes au diable sur cette île.

J'ai confié nos pellicules au capitaine Peters. Avec un peu de chance nous aurons des renseignements par radio.

Hélas, malgré les tentatives réitérées, je n'obtiendrai jamais de solution à ces problèmes. Pourquoi un laboratoire perdrait-il son temps à décrypter les crachouillis d'une radio d'un inconnu paumé quelque part à l'autre bout du monde ? Et comment interpréter les assertions des amis ou de la famille dont l'un affirme que tout est blanc, tandis que l'autre prétend que tout est noir ? Chacun se référant aux dires d'une tierce personne, « jamais là », ne sachant même pas s'il parle de photos ou de cinéma !

Peut-être les reporters s'assurent-ils du concours de bases arrière et se munissent-ils de plusieurs appareils ?

Mais nous ne sommes pas reporters. Tout ce fourbis coûte déjà assez cher : caméra, films et de quoi les conserver, frigo, panneaux solaires, etc.

La caméra « 16 » a été impossible à trouver à Tahiti. Il a fallu la faire venir du continent. In extremis. Nous sommes partis sans faire une bobine d'essai !

— Paul et ses posemètres ! Tu crois que tu réussiras à en tirer quelque chose.

— La poisse. Vraiment la poisse.

— Et l'appareil photo ?

— C'est la même camelote.

— Tu sais Paul, ce n'est pas le plus important. Notre vie sur l'île c'est déjà quelque chose. L'essentiel, c'est tellement plus qu'une collection d'images. Ne t'obstine pas. Viens, je vais te faire un bon café.

Il reste cependant beaucoup de choses. Les batteries pour la torche demandent à être chargées si nous voulons filmer des scènes de nuit. Ce damné groupe électrogène refuse de fonctionner. Je démonte le groupe. Apparemment un peu d'eau de mer s'est infiltrée lors du débarquement. Nettoyer, gratter, dissoudre les points d'oxydation. Puis remonter les pièces, mettre de l'essence, vérifier l'huile. Et s'acharner sur le lanceur.

Rien. Je finis par verser un peu d'éther directement dans le cylindre. Boum ! C'est parti.

— C'est de la mécanique médicale que tu fais là.

— Je ne sais pas comment l'appeler, mais une chose est sûre : notre fiole n'y suffira pas si nous devons faire pétarader cet engin trop souvent. Or l'éther, j'aimerais le conserver, c'est pratique pour faire coller les sparadraps.

— Les panneaux solaires, c'est tout de même mieux.

— Oh oui ! C'est même la seule chose en laquelle j'ai confiance.

Dommage que ça n'alimente pas directement ce type de batteries. Peut-être qu'un jour on fabriquera un transformateur aux multiples possibilités.

— Tu seras le premier à te le procurer.

En attendant, le café est prêt.

CHAPITRE X

La pêche aux langoustes

— *Kébir, Kébir* de Ahunui. *Kébir* à toi.

— Ahunui de *Kébir*. Je te reçois cinq sur cinq.

— Salut, Jean-Yves. Salut. Où es-tu en ce moment ? Comment vas-tu ? Ça fait trois semaines que j'essaie de te joindre. A toi.

— Bonjour, Paul. Tout va bien. Je suis au mouillage à Pitcairn [1]. Comment vas-tu ?

— Pas de problèmes pour nous deux. On t'écoute, quels sont tes projets ?

— Je pense quitter bientôt pour être à Mangareva [2] vers le 17 janvier. Puis retour à Tahiti. A toi.

— Passeras-tu à Ahunui ?

— Ah, je ne sais pas. Ça dépendra du temps.

— Tu plaisantes ? Pitcairn-Tahiti je comprendrais. Mais de Mangareva, tu vas te cogner sur notre caillou si tu ne fais pas gaffe. On compte sur toi.

— Bon, bon, Okay. Je tâcherai de faire escale. Quelques heures, pas plus. C'est un mouillage impossible chez toi. Disons vers le 20 janvier.

— Bien compris, le 20. Est-ce que je peux te passer une com-

1. Pitcairn : 25° S. - 130° W. à 1200 milles dans l'E.-S.-E. de Tahiti (refuge des mutins de la *Bounty*).

2. Mangareva : archipel des Gambier : 23° S. - 135° W. à 900 milles dans l'E.-S.-E. de Tahiti.

mande ? Tu trouveras peut-être quelque chose à Mangareva ?

— Affirmatif. Je t'écoute.

— Alors note : fromage, vin, chocolat, citron pressé, légumes. Je ne précise pas plus. Tu verras ce qui traîne chez le Chinois. Ajoute aussi un rouleau de grillage de 1,80 m de haut pour un parc à poissons. Un couple de pigeons. Un coq et trois poules. À toi.

— Bien compris, mais tu as déjà un coq. Tu veux faire des combats ou quoi ?

— Mon coq ne vaut rien. Il est trop vieux. À toi.

— Pas compris, peux-tu répéter ?

— Le coq, il n'en peut plus, c'est un vieux schnock. À toi.

Je l'entends rire dans le micro et j'imagine les inconnus qui captent notre conversation.

— Compris, un coq. Un vrai. Tu sais, aux Gambier les poulets ne sont pas enfermés. Ils cavalent dans la brousse. Ils sont sauvages. Faudra les choper dans les arbres la nuit. J'essaierai mais je ne te garantis rien.

— Fais pour le mieux.

— Et les pigeons ? Ils sont fiu eux aussi ?

— Non, mais la femelle a été bouffée par un kaveu et le mâle s'est laissé mourir.

— Ben mon vieux, le jour où il me poussera des plumes, c'est pas chez toi que j'irai me percher. De toute façon, je ne crois pas pouvoir en trouver aux Gambier.

— Tu as sûrement raison. Écoute, j'essaierai de te donner quelques langoustes et des kaveu. Tu les veux vivants ou non ?

— C'est sympa. Oui, vivants. Les langoustes, je les ferai cuire à bord.

— Autre chose. Une vacation le 18 à la même heure. Ça va pour toi ?

— D'accord pour le 18. Salut à vous deux. Terminé pour *Kébir*.

— Okay, Jean-Yves. Bonne route et à bientôt. Terminé.

Nous rions. Nous imaginons notre ami soudoyant quelques gamins pour aller à la chasse aux poulets sauvages. Pourvu que les gosses soient souples, car il vaut mieux être avec lui que contre lui, il a un foutu caractère le patron du *Kébir*.

Ah ! La chasse aux poulets ! Quels souvenirs !

D'abord repérer les perchoirs dans la forêt. S'approcher de nuit en catimini, avec un long bâton. Grattouiller doucement le poulet sous le ventre, jusqu'à ce qu'il lève une patte pour s'appuyer sur le bâton qu'il prend peut-être pour une branche qui le gêne. La deuxième patte ne tarde guère. Dès lors, la pente aidant, l'animal déséquilibré se laisse glisser petit à petit jusqu'en bas où l'attend un grand sac.

On passe alors au suivant.

— En somme on va à la cueillette des poules ?

— C'est ça.

Danièle s'esclaffe.

— Et si la poule se cramponne au bout de ton bâton, tu la tiens comme un cierge toute la nuit ?

— Non, tu abaisses tout doucement ta perche jusqu'à terre. La poule ne bougera pas.

Nous rions. Nous voyons Jean-Yves gauler nos poules par une nuit sans lune, escorté par tous les mômes du village.

— Pour les coqs, il existe encore une autre technique à condition de disposer d'un coq domestique.

— Je sais. On lui explique d'aller mettre du sel sur la queue de son copain.

— Je suis sérieux. Laisse-moi parler.

D'abord repérer le chant d'un coq sauvage.

S'approcher alors avec le deuxième animal auquel on a attaché l'extrémité d'une ficelle d'environ 4 à 5 mètres à une patte, l'autre bout de cette ficelle restant libre. Lâcher l'oiseau ainsi préparé, se cacher et attendre.

Les deux mâles se répondent bientôt, chacun affirmant sa suprématie. Le premier occupant apparaît pour défendre son territoire, et la bataille s'engage au cours de laquelle la ficelle

finit pas entortiller complètement les deux adversaires.
— Qu'on ramasse alors comme des champignons ?
— Exact.
— Eh bien, demain matin je lâche toute la smala et tu montres ta science.
— Ça va pas, non ?

Exception faite du bref passage du bonitier porteur des nacres quelque temps après notre arrivée, et du remorqueur que nous n'attendions pas, le *Kébir* sera probablement notre seul et unique visiteur. Qui d'autre se hasarderait dans les parages ? La situation somme toute banale d'un voilier jetant l'ancre au large d'une île revêt dans notre isolement une dimension exagérée.

Un invité ! Un événement à préparer !

Nettoyer les abords du campement, puis ceux du faré.

Plus de deux jours de travail à ramasser des vieux trucs, des boîtes de conserve éventrées, des tôles tordues, des bois pourris, des éclats de verre. Les Paumotu ont pris l'habitude d'empiler des débris rouillés au pied des cocotiers, sous prétexte de leur porter du fer. Il est vrai que le sol très pauvre engendre vite la chlorose des palmiers. Le geste part au départ d'un bon sentiment. Mais de l'habitude de voir naît l'habitude de ne plus voir. La nonchalance aidant, le traitement préventif s'est mué en pollution pure et simple par l'ajout de tout et n'importe quoi, de verres, de plastiques, de cartons, des carcasses de toute l'industrie occidentale. Le plus pimpant village paumotu recèle toujours l'un ou l'autre agronome de ce style, et Ahunui n'a pas failli à la tradition à l'occasion du passage des rares travailleurs du coprah, durant les dernières décennies.

De toute façon il y a longtemps que j'envisage de faire place nette. À vrai dire depuis le premier jour de mon premier voyage, mais j'ai toujours remis au lendemain.

Cette fois enfin ce qui brûle sera brûlé et le reste enfoui dans un trou.

Mais il y a mieux. Nous avons promis des langoustes et des crabes de cocotier pour notre ami. Il les aura.

— Là, tu vois ? Vas-y.

Danièle approche en pataugeant, l'eau jusqu'aux chevilles. Elle lève le pied pour marcher sur la langouste et l'immobiliser.

— Attention !

Trop tard. Une lame plus haute que les précédentes recouvre tout le platier, dans l'effervescence de millions de petites bulles formant à l'instant un écran opaque. J'ai à peine le temps de soulever la lampe. Il faut attendre quelques secondes que le brouillard d'écume se dissipe.

— Elle se sauve !

— Cours après, vite. Méfie-toi des failles !

À nouveau le crustacé s'immobilise sur le fond, tache vert sombre surmontée de deux points phosphorescents.

Danièle approche encore. La langouste recule lentement, trop lentement.

Ça y est. Elle crisse sous la chaussure. Danièle se baisse, saisit l'animal et le dépose dans la hotte.

— Bravo. Au suivant.

— Heureusement, j'ai des gants. C'est fou comme elle se débat. J'ai bien cru que j'allais la lâcher.

Il vaut mieux se prémunir. Ces animaux possèdent une carapace hérissée de dards effroyablement pointus qui deviennent très vulnérants dans l'agitation frénétique de la capture.

— Là, deux autres.

— Chacun la sienne.

Ça crisse à nouveau sous nos pieds puis dans nos mains. Un son aigu, perçant, répété sur un rythme très rapide, en même temps que la queue fouette le vide.

Tout autour de nous, un univers de vie est révélé par le puissant faisceau de la lampe[1].

Attentives aux moindres défaillances, qui sur un promontoire, qui sur une corniche, d'innombrables petites murènes chassent, la gueule ouverte. Surprises, elles nous font face un instant, et, l'honneur étant sauf, s'enfuient en serpentant dans l'eau ou même hors de l'eau.

Des groupes d'aiguillettes bondissent comme volées de fléchettes d'argent. Çà et là, un mérou immobile et sournois guette sa proie. Entre nos jambes zigzaguent des poissons-pavillons et des mulets tandis que les chirurgiens-bagnards s'élancent dans si peu d'eau qu'ils doivent basculer sur le flanc pour nager.

De temps à autre j'abats la machette. Les poissons nagent si près qu'il n'est guère difficile de leur sabrer l'échine au coupe-coupe. Il n'est même pas besoin de risquer d'abîmer le tranchant de la lame, au contraire !

Marcher sur des langoustes et pêcher au sabre d'abattis, voilà bien des techniques qui m'attiraient parfois des sourires narquois et incrédules lorsque je les évoquais en France. Les mêmes sourires probablement que récoltaient jadis les marins lorsqu'ils affirmaient aux Tahitiens qu'en Europe l'eau devenait si froide en hiver qu'elle se transformait en pierre !

— Regarde, c'est étrange. On dirait un perroquet en chemise de nuit !

En effet, emmitouflé dans un cocon de mucus blanchâtre tissé tout exprès pour une seule nuit, un poisson-perroquet bleu-vert se repose à l'abri d'une faille, anéanti de sommeil.

Danièle n'en revient pas. Chaque jour, chaque nuit, l'atoll nous réserve une nouvelle extravagance, une nouvelle richesse. Il suffit d'être disponible.

— Mais il dort vraiment. Profondément. C'est incroyable. Je

1. Lampe à pétrole et à pression, dispensant une lumière très vive. Hélas, difficile à régler !

ne pensais pas que les poissons dormaient. Tu le savais, toi ?

— Touche-le tout doucement. Il ne se réveillera même pas.

Elle s'accroupit et l'effleure délicatement du bout des doigts. Puis elle s'enhardit un peu et glisse la paume sous le ventre de l'endormi. Il ne bronche pas.

— C'est un mâle.

— À quoi vois-tu cela ?

— À sa couleur. Une femelle serait plutôt gris jaunâtre. Peut-être en trouverons-nous plus loin.

Une faible brise s'est levée. Dans le ciel, les nuages jouent à cache-cache avec la magnifique constellation du Scorpion. Sous peu la marée devrait commencer à monter.

— Là, tous ces petits points brillants, c'est quoi ?

— Devine.

— Ça ressemble à des yeux, une centaine d'yeux minuscules.

— Touche.

À nouveau Danièle approche insensiblement la main, cette fois tout se rétracte et disparaît peu à peu, laissant place à un coquillage arrondi aux gros points noirs.

— Une porcelaine ?

— Oui, une tigris.

— Elle a réussi à s'extirper complètement. On ne voyait même plus la coquille...

— Attention !

Derrière Danièle, un petit requin s'enfuit dans une grande gerbe d'écume, affolé par le coup de pied qu'il vient de prendre sur le nez.

— Tu crois qu'il fallait lui faire si peur ?

— On ne sait jamais. Les requins mangent surtout la nuit.

— Il était tout petit.

— Justement, les petits aussi s'alimentent.

— Tout de même !

Nous nous sommes relevés et éclairons la scène alentour. Sur la rive, les yeux de notre chienne flamboient dans l'obscurité.

— On dirait un loup.

— Ou un *tupapau*[1].

Noire dans une nuit noire, Siki ne se signale en effet que par ses deux points extraordinairement luminescents. Nous suivant absolument partout, elle a assez vite compris le peu d'intérêt pour elle à trottiner dans l'eau jusqu'au ventre et à ramer des quatre pattes à chaque coup de houle. À présent elle longe la berge, bien au sec, surveillant nos moindres faits et gestes. Nous l'aimons bien.

Pas très loin, dans les ténèbres, une toute petite flamme signale soudain notre campement. Nous avons laissé une lampe tempête suspendue près de la tente, puis nous sommes partis sur la plage à environ quatre kilomètres, pour revenir, jusqu'à hauteur du repère.

— Heureusement on arrive. Ça fait trois nuits, je commence à sentir la fatigue. Et demain soir tu voudras encore chercher des crabes.

— Avoue que tu pensais déjà l'avoir dépassée.

— Oui, je craignais qu'elle se soit éteinte.

Quelle magie dans cette lumière solitaire ! Quelle chaleur, quelle présence ! Si seulement Frühbus avait trouvé ce message au cours de sa terrible nuit. Comme il serait venu, déjà gonflé d'espoir. Quelle promesse, quelle joie, dans une simple flamme ! Nous hâtons le pas.

Nous vidons les poissons et suspendons la hotte à une branche basse. Demain nous porterons les langoustes dans leur cage, au lagon.

Nous retirons nos gants et ôtons nos grosses chaussures de toile et de caoutchouc que nous rinçons avant de nous doucher nous-mêmes.

À présent, attablés devant la tente, nous mangeons un morceau, le regard perdu dans les étoiles, le cœur plein du sourd grondement du récif.

1. *Tupapau* : revenant.

La pêche n'a pas été extraordinaire. Une douzaine de langoustes auxquelles il faut ajouter quelques poissons. Pourtant il fallait s'arrêter car la marée montante nous aurait empêchés de continuer. Le platier est étroit dans notre secteur, de sorte que l'eau devient rapidement trop profonde. On n'y voit plus rien, ni les langoustes ni les crevasses.

Par contre, sur la côte sud où le platier mesure plus de deux cents mètres de large, on pourrait pêcher toute la nuit, au bord du tombant à marée basse, puis au bord de la rive à marée haute. Comme c'est loin, il faudrait y aller en bateau dans l'après-midi et revenir le lendemain. La perspective de passer une nuit blanche ne nous enthousiasme pourtant ni l'un ni l'autre.

Je me souviens du voyage de 1978. À quatre hommes nous avions pris environ deux cents langoustes la nuit précédant notre départ de l'atoll. Au matin, la tempête s'était levée. Nous avions alors erré durant trois jours à la recherche d'un endroit possible pour embarquer sur la baleinière et rejoindre la goélette qui roulait au large. Trois jours durant lesquels, faute d'accéder à nos victuailles serrées dans les cantines, faute aussi de prendre le temps de pêcher, nous avions dévoré nos langoustes sans un gramme de pain, un soupçon de sauce ou de quoi que ce soit en guise d'accompagnement. Pendant trois jours, matin, midi et soir, langouste ! J'étais revenu écœuré...

Chaque action me ramène à mes souvenirs. Comme tout devient facile pour un initié. Pourtant, sans expérience, que serait notre vie à Ahunui ? J'imagine un rêveur en mal de solitude. Un enfer...

Danièle me tire de mes réflexions.

— Sais-tu à quoi je pense ? Cette île est en quelque sorte la mémoire du monde. Un endroit merveilleusement préservé par son éloignement et sa difficulté d'accès, vivant sa vie propre, refermé sur lui-même. À la fois protégé des agressions humaines et soumis totalement aux lois naturelles. Ahunui c'est notre planète en miniature à l'aube de l'humanité.

Je ne réponds pas, mais j'ai soudain conscience que les étoiles scintillent plus près. Je me sens en harmonie avec l'atoll, avec Danièle et avec moi-même. C'est comme si une même sève coulait de l'un à l'autre.

Ahunui, la mémoire du monde...

CHAPITRE XI

Le naufrage

Depuis quatre nuits nous sommes sur les dents, à la pêche aux langoustes ! Ce soir nous y avons adjoint la chasse aux crabes de cocotier.

Toute cette semaine j'ai disposé des « pièges » au hasard du sous-bois. En fait j'ai tout simplement fendu des noix de coco, toujours aux mêmes endroits, dans l'espoir d'allécher et de fixer les kaveu autour d'une ribote facile.

Semblables à la tortue de la fable, les bernard-l'ermite arrivent toujours les premiers. Alertés par leur flair extraordinaire, ils se hâtent lentement et se faufilent aux meilleures places. Les rats jouant aux lièvres ne se présentent qu'ensuite. Quoi qu'il en soit, protégés par leur carapace et leur coquille pour les uns, par leur vivacité pour les autres, tout ce petit monde semble bien obligé de se côtoyer sans chamailleries excessives sur les lieux du festin.

Mais débarquent enfin les énormes cénobites, toutes pinces dehors, massifs, agressifs, inattaquables. Leur approche sème la terreur et la déroute auprès des premiers occupants. Dès lors, les crabes de cocotier s'imposent en maîtres.

Les appâts remplissent parfaitement leur mission, de sorte que, chaque soir, je reconnais les mêmes gourmands aux mêmes emplacements. Près de l'arbre mort, le gros mâle bleuté, vautré sur sa noix et un peu à l'écart, prudentes, deux femelles rouge brique nettement plus petites. Dans la cabane en niau, une énorme femelle tient en respect tout un cercle d'envieux, y compris les mâles. Et ainsi de suite...

Ce soir pourtant, fini de jouer. Que la chasse commence !

D'abord contourner l'adversaire en évitant les terribles tenailles bien sûr, sans oublier non plus de se garer des coups de griffes. Ensuite saisir l'animal subitement par l'arrière, la main instantanément serrée comme un étau sur son plastron dorsal. Enfin nouer les pattes avant par-dessus les pinces et le suspendre de sorte qu'il n'ait aucune prise.

— À toi, vas-y franchement.

— Je n'aime pas beaucoup faire ça.

— Allez, courage.

— Je n'ai pas peur.

— Alors prouve-le.

Danièle plonge la main et agrippe sa première victime.

— Écarte le bras sinon il va te griffer.

Elle se redresse, étonnée par sa propre adresse.

— Et maintenant qu'est-ce que j'en fais ?

— Tu ne le lâches plus jusqu'au faré. Je prends les deux autres.

Et commencent les va-et-vient.

Le nœud de ridoir

Pour les ficeler, nous mettons bien cinq minutes au début, puis, la technique se perfectionnant, seulement quelques secondes pour les derniers.

— On apprend vite !

— Le nœud de ridoir, tout est là. Autrement ça ne serait presque pas possible.

Le temps passe. Bientôt 2 heures du matin. Sous l'échelle posée à plat entre deux drums, vingt-cinq crabes pendent comme des jambons. Avec les langoustes, nous voilà parés pour les cadeaux. Ça suffit, on s'arrête. Le *Kébir* peut venir.

— Tu sais, j'ai une idée : nous continuerons à poser ces pièges, au moins une fois par semaine.

— Pourquoi ? Nous ne mangerons jamais tous ces crabes.

— Si, pour une raison ou une autre, nous ne pouvions plus pêcher, pour cause de maladie, accident, mauvais temps ou n'importe quoi, nous aurions là une réserve de viande, un élevage semi-domestique en quelque sorte.

— Ce serait une sécurité.

— Mais cela attirera également les rats.

— Paul, tu ne vas pas me faire manger des rats ?

— En brochettes ils sont excellents.

— Pouah !

— Même Bougainville en fait mention dans son récit de voyage.

— Je ne suis pas Bougainville...

— N'en parlons plus, nous avons très largement de quoi vivre sans les rats. Mais tu as tort d'avoir des idées préconçues. Moi, j'aime bien.

Quelques heures de sommeil, et le matin démarre par le convoyage de notre baleinière, du lagon au récif. Le triporteur fabriqué avec la brouette et le diable est à nouveau fort utile, mais les cailloutis imposent un cheminement d'une lenteur désespérante. Toute une matinée pour parcourir quatre ou cinq cents mètres ! Enfin, vers midi, ça y est. Le canot repose à la limite des marées, paré pour le large.

Nous retournons dans la cocoteraie cueillir quelques noix bien vertes, que nous savons pleines d'une eau fraîche, légèrement pétillante et un tout petit peu sucrée, certains de faire ainsi plaisir à notre invité.

À présent tout est prêt. Qu'il vienne. Il est là !

Au sortir de la forêt, le ketch apparaît d'un seul coup, à une soixantaine de mètres à peine du rivage, face au campement, à l'endroit même où il se dandinait lors de notre arrivée il y a quelques mois.

Accompagné d'un Paumotu que nous ne connaissons pas, Jean-Yves s'affaire au mouillage, voiles déjà ferlées, moteur au ralenti. Ça fait chaud au cœur de les voir. Les mains s'agitent de part et d'autre.

Une demi-heure après, nous venons nous ranger à couple du voilier.

— Salut les Robinson !

— Salut flibustier.

Nous grimpons à bord. Nous nous regardons les uns les autres, longuement, sans dire mot. Dans le sourire de Jean-Yves, une muette interrogation avec beaucoup d'amitié et de complicité. Un flottement de pudeur. Qui va rompre le charme ?

— Apparemment vous ne vous êtes pas encore entre-tués tous les deux.

— Parle pour toi. Qu'as-tu fait de tes deux matelots ?

— Ils m'ont lâché à Mangareva. Tané à l'aller et Ricardo au retour.

— Tu devais être une mère pour eux !

— Arrête tes sottises. Ça va, vous deux ?

— Au poil.

— Au poil ou à poil ?

— Les deux, mon capitaine.

— Danièle, tu supportes ce mec-là jour et nuit, sans jamais voir personne ?

— C'était chouette à Pitcairn ?

— Taote, c'est un village ici ?

— Tu vas faire peur à ta femme avec ta barbe.

— T'as pas grossi, toi.

C'est parti. Tout le monde parle en même temps. Tout le monde rigole. C'est tout de même sympathique de revoir un copain. Sait-il au moins le plaisir qu'il nous donne ?

Le Paumotu ne tarde guère à passer à l'essentiel. Il disparaît un instant pour réapparaître les bras chargés de canettes de bière fraîches.

— Il y avait longtemps !

Ça pétille, ça mousse, c'est un tout petit peu amer et ça fait faire des rots bien agréables ! Nous avions déjà presque oublié.

On échange des nouvelles de part et d'autre. Jean-Yves a vendu quelques bricoles à Pitcairn. Il en revient avec un peu d'argent, et deux vieux fusils qui ne datent tout de même pas de l'époque de la *Bounty*.

Ses deux gabiers l'ont quitté, le premier sans doute pour honorer quelque vague cousine, le deuxième parce que la vie à bord entre les deux hommes n'était probablement pas une lune de miel !

Quant à nous, nous parlons de nos travaux, du passage de l'*Aïto*, de notre joie de vivre sur l'atoll.

Puis nous passons à nos commandes. Tout est là ou presque. Trois poules et un coq ou plutôt trois poulettes et un coquelet. Dommage, car il faudra patienter plusieurs mois avant d'espérer un œuf ! Le citron pressé concentré s'est mué en lait sucré concentré, à la faveur des caprices des ondes radio. Ça fera du poisson cru en moins...

— Vous entendez ce hurlement ?

Nous dressons l'oreille tous les quatre.

— C'est Siki. Regardez là-bas.

Assise sur la plage, le cou tendu, le nez au ciel, la chienne esseulée clame son désespoir. Un long sanglot sinistre, plaintif et suppliant à la fois domine la cantilène du récif.

Elle se croit abandonnée. Elle est terrorisée. Pourvu qu'elle n'essaie pas de nous rejoindre à la nage. Le risque des requins est sérieux.

— Venez, déclare Danièle, je vous ai mitonné quelque chose de bon. Et ce n'est pas un truc en boîte.

À terre, l'étonnement de nos amis fait plaisir à voir. Le campement, la cabane, les installations du lagon, tout est soigneusement visité et commenté.

— Pour un toubib tu te débrouilles pas mal.

— Je ne suis pas seul.

— Tout de même, je n'aurais pas imaginé ça. Ton poulailler, ta citerne, ton installation radio, ta salle à manger, enfin tout quoi...

— Tu l'aurais fait aussi.

— Oui peut-être. Mais je ne te voyais pas préparé à cela.

— Et tu voyais quoi ?

— Eh bien, tu soignais ma femme, mon gosse. Tu étais l'homme en blanc. Ça s'arrêtait là.

— Et toi, tu ne t'es jamais posé la question de savoir comment tu apparais aux autres ? L'aventurier des mers du Sud ? Mon œil ! Tu es peut-être un affreux tyran domestique ?

— Nous parlons de toi.

— Je répète : je ne suis pas seul.

— C'est vrai... Je vous imagine tous les deux comme une paire de bœufs attelés à la même charrue. C'est dingue, ce que vous avez fait là !

— N'exagérons rien.

— Que tu sois un peu fou, Paul, d'accord, c'est ton problème. Mais toi, Danièle ? Tu ne connaissais rien de rien avant de débarquer. Tu n'es même pas sûre du retour. Que feras-tu si Paul se noie ou s'il tombe malade ? Vous êtes paumés ici. Personne ne viendra vous chercher ou alors trop tard. Vous risquez des tas de choses : d'être empoisonnés par un poisson, balayés par un cyclone, je ne sais pas moi. C'est bien beau de reconstruire le monde, mais ce n'est pas rien, votre truc.

Bien sûr, nous connaissons ces objections. N'a-t-il pas fallu argumenter déjà longtemps avant le départ auprès de ceux-là mêmes qui nous sont les plus chers ? N'a-t-il pas fallu faire face aux obstacles qui se sont dressés à toutes les étapes ? Et nous sommes certains que le plus gros reste à venir. À présent les cartes sont jouées. Depuis tant d'années j'ai tellement pesé le pour, le contre et surtout le possible.

Comment faire comprendre à Jean-Yves ? Comment lui dire qu'il enfonce des portes ouvertes ? Est-ce bien nécessaire après tout ?

C'est Danièle qui trouve la réponse.

— Rassure-toi, je ne le ferais pas avec toi !

Le déjeuner est joyeux, tant et si bien que nous nous attardons trop, beaucoup trop longtemps. Ce n'est qu'en fin de soirée que je raccompagne nos amis à leur bord, avec nos présents, tandis que Danièle reste à terre.

Sur le *Kébir* nous temporisons une fois de plus. Il fait nuit lorsque je charge l'énorme rouleau de grillage pesant plus de cent kilos. J'envisage de le laisser en équilibre au milieu du bachot, afin qu'il passe facilement par-dessus bord en cas de coup dur. Jean-Yves m'en dissuade.

— Ce n'est pas très marin ce que tu fais là. Amarre au moins l'avant, qu'il ne roule pas n'importe comment à la moindre vague.

Mon instinct me dit de n'en rien faire, mais Jean-Yves a sûrement plus d'expérience que moi dans ce domaine, et je me range à son avis. Ce sera une lourde erreur.

Je quitte enfin le yacht avec mon chargement. Un faible croissant de lune éclaire la mer avec parcimonie. On distingue très mal la houle qui a forci tout l'après-midi.

Sur le récif, Danièle m'attend, une lampe torche à la main,

pour m'indiquer exactement le meilleur point d'abordage. À part ce lumignon, je ne vois pratiquement rien.

Au bord du récif, j'hésite longuement. Puis il me semble que l'écume tape moins fort, avec moins de bruit et moins de blanc. Je m'élance. Ça a l'air d'aller, le bateau file sur la lame qui le précipite à terre. Au jugé, je devrais atterrir dans trois ou quatre mètres, je hisse le moteur pour qu'il ne touche pas, mais à l'instant précis, dans le retard d'une fraction de seconde, l'hélice heurte déjà la roche, déséquilibrant brutalement la baleinière qui se couche sur le travers, éjectant le rouleau. Tout va très vite. Le canot se redresse mais au même moment se trouve violemment ramené en arrière par le cordage qui le retient au grillage déjà croché dans le récif. La vague suivante submerge l'embarcation qui bascule par-dessus moi et se précipite par-dessus Danièle qui attend à quelques mètres.

Émergeant le premier, je vois le halo de la torche sous l'eau. Une angoisse monstrueuse. Est-elle écrasée là-dessous ? Non, elle réapparaît, tenant toujours sa lampe.

— Dany, Dany ?

— Ça va et toi ?

— Vite, devant le bateau. DEVANT le bateau.

Les vagues nous roulent l'un et l'autre ainsi que la baleinière.

— DEVANT LE BATEAU. DEVANT, JE TE DIS.

Danièle ne réalise pas qu'elle va être broyée sous la coque. Je hurle. Je cours, la saisis au poignet, l'arrache à moi. Ce maudit cordage retient toujours notre embarcation au grillage. Ça cogne en tous sens. Un train de vagues s'acharne sur nous. Ça cogne encore puis tout à coup le moteur casse net et disparaît sous l'eau.

Impossible de défaire l'attache. Le nœud est raidi à mort par la houle qui déferle sans arrêt. Mon couteau a disparu. Chaque vague projette le bateau toujours amarré, à quatre ou cinq mètres sur le *paka*[1] avec des chocs qui me cassent le cœur. Ça n'en

1. *Paka* (mot maori) : platier de corail.

finit plus de cogner, de rouler, d'éclater. J'ai la rage et le désespoir au ventre. Je m'acharne sur cette corde qui tue mon bateau. Des minutes qui durent des siècles. Enfin le câble se rompt. Nous hissons la coque cabossée ou ce qu'il en reste au sec. Nous retrouvons aussi le réservoir d'essence qui flotte à deux ou trois cents mètres. Nous sommes transis de froid, couverts d'écorchures, épuisés physiquement, moralement.

Le naufrage a duré près d'une heure.

Je regarde Danièle. Elle tremble, le tricot déchiré, des griffures rouges aux jambes, aux coudes, aux mains. Et elle trouve la force de sourire, enfin presque de sourire.

— Oh ! Paul, j'ai cru te perdre...

Je pleure ma joie de la savoir saine et sauve, de la sentir si proche et déjà si forte. Je pleure ma sottise, ma baleinière, mon dos labouré par le corail.

Danièle m'effleure le visage. Je la saisis à bras-le-corps, l'étreins de toutes mes forces. Nous restons debout, tremblants, soudés.

— J'ai pensé que tu avais été écrasée... Je t'aime Danièle. Je t'aime, je t'aime. Tu es si belle.

— Paul, j'ai eu tellement peur pour toi. Je t'ai vu disparaître sous le bateau. J'ai cru que tout était fini. Je n'ai pas pu bouger.

— Le récif, la nuit, le grillage, le couteau ! Je n'avais pas le droit de faire toutes ces fautes.

— N'y pense plus. Maintenant allons nous sécher. J'ai froid.

Nous remontons vers le campement, main dans la main. Derrière nous, un désastre. La baleinière et le moteur, probablement irrécupérables. Nous n'aurons même plus la possibilité d'aller au large...

— Je vais appeler Jean-Yves à la radio pour le rassurer.

— Tu crois qu'il y pensera ?

— Sûr.

Nous obliquons vers la cabane.

— Jean-Yves, tu m'entends ?

— Vas-y, Paul, je t'écoute.

— J'ai chaviré. Je crois que ma baleinière est fichue et j'ai perdu tout ce qu'il y avait à bord : le moteur, les rames, mon couteau, les lignes de pêche. Mais ça va. Nous n'avons rien de cassé, ni Danièle ni moi.

— Oui, j'ai vu. J'ai assisté à toute la scène avec les jumelles, mais pas moyen de venir à l'aide.

En effet son canot est chargé de quatre drums pleins d'essence. Impossible pour lui d'y accéder sans aide extérieure. Impossible aussi d'approcher les brisants avec son voilier. Beaucoup trop dangereux enfin de venir à la nage en pleine nuit. Les requins, le récif : de la folie !

— As-tu besoin de quelque chose ?

— Non, ça ira. Si je ne récupère pas le bateau, il nous reste encore le petit dériveur. On s'en accommodera dans le lagon.

— Je ne peux même pas te laisser un moteur. Mon 40 CV est trop gros, et le 25 je l'ai laissé aux Gambier.

— Ne t'en fais pas, je ne te demande pas ça. On s'arrangera je t'assure. D'ailleurs demain matin, je pourrai peut-être récupérer quelque chose.

— Je te le souhaite. Tu sais, je me sens responsable.

— Non, c'est moi, j'ai accumulé toutes les fautes. D'abord de vouloir débarquer de nuit sur le récif. Ensuite d'avoir amarré le rouleau de grillage. Enfin de ne pas avoir un couteau sur moi. Tout se paie.

— Je sais. Tout de même vous avez eu de la chance de vous en sortir tous les deux... Moi, je bricole encore un peu, je range et puis direction Tahiti.

— Je te remercie sincèrement d'être venu. C'est vraiment chic. Bonne route et n'oublie pas de saluer les copains de ma part. Rappelle-toi aussi, je serai à l'écoute les soirs pairs à 19 heures sur 26/38. Ça me fera plaisir de te parler de temps à autre. Salut à toi et à ton compagnon. Terminé pour moi.

— Salut à toi aussi et grosses bises à Danièle. Bonne chance. Terminé pour *Kébir*.

Nous dînons lentement, longtemps silencieux. Puis nous parlons du naufrage, oh ! bien sûr, pas un grand et vrai naufrage, mais naufrage tout de même. Nous ressassons les moindres détails.

— Quand j'ai vu cette vague et le bateau te passer dessus...

— Et moi quand je ne te voyais plus. Il n'y avait que la lumière de la torche sous l'eau, et je ne savais même pas si tu étais encore en vie...

Nous avons eu beaucoup de chance, beaucoup, beaucoup de chance.

Vers 22 heures, le *Kébir* appareille en nous saluant d'un interminable et profond mugissement. À mon tour j'empoigne la corne de brume du *Yin-Yang* et trois fois, longuement, je réponds à son adieu. Aux jumelles, grâce au peu de lune, je distingue la grand-voile qui grimpe au mât. Plus tard je braquerai une torche électrique, calée sur le front, le faisceau dirigé sur le yacht qui s'éloigne. Tout là-bas, trois éclats me répondent une dernière fois.

Je vois s'amenuiser les feux de poupe et de mât. En quinze à vingt minutes tout disparaît. À la vingt-cinquième minute, même aux jumelles, je ne distingue plus rien.

Peut-être pour calmer la trop forte tension nerveuse, je trace alors une grande flèche sur le sable dans la direction du cap suivi. J'en profite aussi pour tracer un axe Nord-Sud en me repérant sur les étoiles de la Croix du Sud. Demain je comparerai ces axes avec ma petite boussole et par la même occasion je verrai quelle dérive a estimé mon ami.

Je rejoins enfin Danièle qui dort déjà à poings fermés.

CHAPITRE XII

Un bateau tout terrain

Dès le lever du jour, je vais au récif. De là je distingue le point de débarquement, à quelques centaines de mètres. Aux jumelles, je devine une tache noire qui découvre de temps à autre.

— Danièle, je crois voir le moteur. J'y vais. Sois gentille de préparer quelque chose à manger pendant ce temps.

C'est bien le moteur, couché sur le platier, exactement dans les brisants. À quelques mètres il était perdu, car mon tympan ne me permet toujours pas de plonger. Je veux laisser cicatriser encore au moins quinze jours.

L'appareil a mauvaise mine. Le capot manque, l'hélice est brisée, le boîtier électronique enfoncé, l'étau arraché. D'innombrables bosses et griffures témoignent de sa nuit mouvementée. Découragé, je le charge sur le dos, et le porte à la cabane.

Là je retire les bougies, le pose tête en bas et, doucement, tire le lanceur à plusieurs reprises pour lui faire dégorger l'eau de mer. Puis j'essaie de le faire tourner, mais sans succès. Je l'immerge alors entièrement dans un bac d'eau douce. Je m'en occuperai plus tard. Dans l'immédiat je n'ai pas le courage.

Aussitôt le petit déjeuner expédié, je retourne sur le lieu du chavirage. Danièle m'accompagne.

Les affaires qui se trouvaient dans la baleinière gisent éparpillées sur toute la profondeur du paka et sur une largeur d'au moins cinq cents mètres. Une sandalette en plastique, une deuxième, les dames de nage, une pagaie, une troisième sandalette, un hameçon sur son leurre, la quatrième sandalette, l'étui à couteau, l'ancre et son orin. Ce sera tout.

En fin d'après-midi, la marée basse découvre encore un gant de pêche et mon couteau de plongée. Ce couteau qui m'aurait sauvé le bateau et le moteur si je l'avais eu sur moi, si j'avais pu trancher le bout qui amarrait le grillage. Quelle faute grossière ! Je suis honteux de ma négligence, furieux et déçu du gâchis.

Le moteur m'obsède. Je ne pense pas que je réussirai à le réparer. Une fois de plus nous mesurons notre isolement. Une avaric à la ville ou à la campagne, c'est un contretemps et peut-être une perte d'argent. Ici sur l'atoll, c'est une perte totale.

Allons examiner le bateau. Il a martelé le corail pendant si longtemps. Sûr qu'il est mort !

J'ai la gorge serrée en m'approchant de « l'épave ». De loin déjà, je note les bosses, les rayures, les poignées, chaumards et taquets tous arrachés. J'imagine le pire : des trous gros comme des poings, des fentes courant sur toute la longueur de la quille. J'ai le moral à marée basse.

Pourtant, de près, le bachot n'a pas l'air si mal en point. Deux varangues ont lâché, mais les trois autres pourraient suffire. L'accastillage ? Eh bien on s'en passera. J'ai beau scruter avec attention, à contre-jour, pour mieux déceler une perforation, une fissure... Rien. Pas le moindre orifice. Telle quelle, la baleinière semble en état de naviguer.

— Ce bateau est une merveille. Une vraie petite merveille. Il aurait dû éclater au moins cent fois. Aucune coque, ni en bois, ni en plastique, ni en tout ce que tu voudras n'aurait tenu le choc.

— Grâce à Fanfan.

— Oh oui ! Je le bénis, ce gars-là. Comme il avait raison.

« Il te faut un bateau tout terrain, avait dit Jean-François Chazottes. « Tu peux retourner le problème dans tous les sens, c'est de l'alu qu'il te faut, et pas n'importe lequel. De l'AG4, uniquement de l'AG4 sans aucun autre métal. Pas une vis, pas un boulon, pas un rivet, rien que des soudures à l'argon. Tu n'auras aucun ennui de corrosion ou d'électrolyse, aucun problème de tenue, rien qui cloche. Et avant que ça casse, il s'en passera des choses. Mais il ne faut pas sortir de là : de l'AG4 et des soudures, rien d'autre. »

Ce bateau n'existait pas, bien sûr, d'ailleurs presque rien n'existe de tout ce qu'invente ou réinvente Chazottes. La liste de ses interventions sur les bateaux, les moteurs, les fusils, les scaphandres, les montres sous-marines et même sur le matériel médical ou sur n'importe quoi, paraît invraisemblable. Fanfan est l'homme des assemblages savants et hétéroclites. Ses dieux s'appellent : inox, joint torique, brasure à l'argent et que sais-je encore ! Ce qui est sûr, c'est que ses dieux l'entendent. Tout ce qu'il touche marche et marche bien !

Une anecdote.

Cela se passait il y a huit ans lors du premier voyage sur Ahunui. La torche sous-marine de notre ami lui avait claqué dans les doigts. L'ampoule était grillée. Or Fanfan avait omis d'emporter des recharges, et nous autres, nous utilisions un matériel différent, plus ordinaire. Tout autre que lui aurait sans doute accepté d'emprunter une de nos torches. Lui non.

Durant toute une journée, il avait adapté une de nos ampoules à sa douille. Il avait dessoudé puis ressoudé avec un clou, un minuscule camping-gaz, et ses doigts de pieds en guise d'étau !

Bref, le bateau selon ses conceptions n'existait pas et j'avais demandé à une entreprise de Papeete de réaliser le canot. Le dessin n'y était pas car la coupe des tôles avait commandé la silhouette. Le petit rafiot paraissait trop effilé, sa quille trop plate, ses bouchains trop vifs. Par contre, le soudeur s'était surpassé. Du travail bien fait, honnête, sûr. Aujourd'hui je mesure ma chance. Je leur dois mon bateau, aux uns et aux autres.

— Paul, tu rêves ?

— Euh oui... Je pense à ce bateau, il est vraiment bien. Nous allons le hisser un peu plus haut. Je trouve que la mer grossit.

La soirée est maussade. Dans moins d'une heure tombera la nuit, sans faste, sans couleurs. Du gris qui vire au noir.

Là-haut le ciel vibre des derniers battements d'ailes des grands voiliers qui rentrent de la chasse. Devant moi, deux courlis courent sur la plage et s'enfuient à mon approche. D'un buisson s'élève le trille d'une fauvette. Brave petite fauvette ! Comment es-tu parvenue jusqu'ici, toi qui n'as rien à faire en mer ?

Danièle prépare le dîner pendant que je marche de long en large, perdu dans mes pensées.

Soudain une douleur brutale, atroce. Je m'affaisse pour empaumer ma blessure. Pieds nus dans les cailloux, la tête dans les nuages, j'ai heurté un bloc de corail.

Je viens de me fracturer un orteil !

CHAPITRE XIII

Nano, le premier cyclone

Extrait du journal : dimanche 23 janvier 1983.

Presque pas dormi. Mon pied a vilain aspect. J'ai mal.

Mauvais temps. La houle submerge les parties de grève encore jamais atteintes. Je ne présage rien de bon. D'heure en heure la mer grossit et toujours pas de vent.

En fin de matinée les vagues atteignent les brousses de miki-miki.

Nous évacuons tout ce qui n'est pas indispensable au campement, hissons la baleinière à la limite des premiers arbres de la cocoteraie.

À midi, pour la première fois depuis notre arrivée sur Ahunui, je décide de prendre le bulletin météo.

— Dépression tropicale dans le nord entre Napuka et Puka-Puka. Vents de 100 à 110km/h. Direction de la dépression : le sud.

Il n'y a pas de quoi s'alarmer. Lors de la dépression Lisa, nous avions déjà eu mauvais temps. Pourtant, cette fois la houle cogne plus fort et la dépression vient droit sur nous...

Nous préférons haler les deux canots — baleinière et dériveur — en haut de la cocoteraie, à côté de la cabane dont je condamne les ouvertures à l'aide de tôles et de pieux. Danièle range les affaires dans les pièces depuis longtemps aménagées à cet effet.

Nous travaillons jusqu'à la nuit.

Il reste à démonter la tente et à la transporter là-haut elle aussi. Quant aux piquets de soutien, c'est bien le diable s'ils risquent quoi que ce soit, n'offrant que peu de prise au vent.

Mon pied est enflé, violacé, douloureux. Nous décidons de souffler un peu et manger un morceau avant de finir.

Durant le repas nous captons le bulletin de 19 heures. On parle maintenant de cyclone avec des vents de 140 km/h. Déplacement très lent de 10 à 15 km/h, toujours vers nous...

La première vague nous surprend à la fin du bulletin. Danièle saute sur un tabouret et moi sur la table. Les gros cailloux qui fermaient le bas de la tente nagent déjà quinze ou vingt mètres derrière nous, vers le relief de l'île. Les œillets de la toile sont arrachés, tout est trempé. La vieille cabane en palmes où Danièle faisait la cuisine s'est affaissée. Et nous sommes à plus de 500 km du cyclone...

La leçon est dure. Il faut faire vite, beaucoup plus vite que prévu. Nous emportons ce qui reste pour demeurer dans la maisonnette ou plutôt dans la seule pièce accessible de celle-ci. L'autre chambre reste encombrée par un équipement hétéroclite et invraisemblable.

Nous disposons de 3,50 m sur 3,30 m, c'est peu et c'est énorme. Nous y sommes au sec, au chaud et nous l'espérons, à l'abri. D'ailleurs des centaines de rats sont déjà là.

Contre les murs, des planches de tous calibres forment étagères et tables. Dessous s'accumulent des cartons de victuailles et de matériel de pêche. Des cantines d'outillage s'entassent les unes sur les autres. Partout où c'est possible, des clous pour accrocher les cordages, les lampes, les vêtements, les fusils, les détendeurs, les cartouchières. J'en oublie.

Lundi 24 janvier 1983.

Le bulletin météo de 6 h 30 situe le cyclone à 350 km de nous, au nord de Hao. Mais déjà durant la nuit, le vent a amplifié par paliers rapidement croissants. Il souffle maintenant en tempête, brisant les arbres en grand nombre.

Dans la maisonnette, nous hissons radio et objets précieux le plus haut possible. Nous renforçons la charpente par des poutres clouées en travers, haubanons les toitures avec cordages et nœuds pour nous y cramponner en cas de besoin, arrimons aussi une échelle pour accéder rapidement sur le toit.

La tempête forcit. L'inquiétude nous gagne. Nous guettons avec impatience le bulletin de midi. Il tombe comme un couperet.

— Le cyclone Nano s'est considérablement aggravé. Vents de 180 km/h avec rafales à 200 km/h. Mer énorme. Vagues de 15 mètres avec raz de marée sur les côtes nord et est des atolls de Amanu - Hao - Ahunui - Vahitahi - Nukutavake et Vairatea. Les populations doivent prendre toutes mesures possibles de sécurité et en particulier se réfugier sur les points les plus hauts des côtes ouest. Le cyclone situé au nord de Hao atteindra cette île au courant de la nuit. Il se déplace lentement à 10 ou 15 km/h vers le sud-sud-est. Un bulletin sera communiqué toutes les heures.

Nous sommes sur la trajectoire. Ce sera pour la matinée de demain.

Le vent et la mer forcissent toujours. Il est trop tard pour couper les troncs entourant la cabane. Il faudrait monter sur une échelle pour frapper un treuil très haut sur les arbres, afin d'en dévier la chute. Il faudrait se cramponner dur et, de toute façon, l'échelle ne tiendrait pas. Noix et palmes pleuvent comme des bombes écrasant tout. Comment les éviter, perché sur une échelle ? A quoi serviraient les cinq cents kilos de traction d'un treuil dans ce vent ?

Impossible de rallier la côte ouest. Le hoa qui nous en sépare, transformé en torrent furieux, est infranchissable. De toute façon l'île est trop basse à cet endroit, à peine 2 mètres au-dessus de l'eau. Ici, au refuge, nous culminons tout de même à 3 mètres, peut-être 3,50 m.

Impossible de mettre le canot au lagon pour contourner le chenal. Le moteur est fichu depuis quatre jours. Comment ramer contre ce vent ? D'ailleurs, des vagues de 2 à 3 mètres, très courtes, noieraient aussitôt le bateau.

La seule solution est de rester ici, au point culminant, à proximité de nos réserves et du matériel, d'autant que cet endroit, situé au nord-ouest du minuscule anneau de corail, devrait se trouver relativement protégé.

Nous armons la petite baleinière à côté du cabanon, comme ultime secours envisageable. À bord, une cantine étanche avec quelques vivres, un peu de linge, des voiles, du matériel de pêche, une balise de détresse, un miroir, des fusées, un crochet à coco, une casserole. Avec aussi un bidon d'eau douce, un entonnoir, un seau, une éponge, deux fusils de pêche, le sac de plongée, les rames, un mouillage, un petit compas, une carte marine, des allumettes et un coupe-coupe. Tout est soigneusement arrimé et le bateau lui-même retenu par une ancre enfouie dans le sol, plus un cordage qui rejoint la toiture.

Nous sommes sans illusions. En fin de matinée j'avais tenté de récupérer les derniers chevrons d'un vieux séchoir à coprah situé à la lisière de la cocoteraie. J'avais vu une vague énorme, peut-être de 10 mètres de haut, déferler sur la plage balayant comme fétu de paille les restes de la case en palmes et toute l'armature du campement. J'avais vu craquer les arbres. Devant la montée furieuse de l'eau, j'étais reparti en courant, malgré ma fracture.

A 16 heures je prends un dernier bulletin météo qui confirme ce que nous savons hélas trop bien : vents de 180 à 200 km/h, mer énorme, vagues de 15 mètres, raz de marée. Direction du cyclone : sur nous.

Comme ultime précaution, je sectionne les câbles qui soutiennent l'antenne radio, afin qu'elle ne soit pas détruite par une chute d'arbre.

Totalement isolés, nous ne pouvons compter que sur nous-mêmes et beaucoup sur la Providence. Pour nous, la longue nuit commence.

Nuit effroyable qui réveille des souvenirs pleins de vacarme, d'impacts et d'écrasements, pleins de femmes, d'hommes et d'enfants priant, soupesant leurs chances et qui avaient peur.

Nous sommes terrés dans notre refuge comme nous étions terrés à cinq ou six familles dans une cave, sous les bombardements, durant l'hiver 1945. Je croyais ces images évanouies et je me retrouve plongé dans une folie dévastatrice comparable à celle de la poche de Colmar où tous les villages avaient été rasés. Folie des hommes ou folie de la nature, le résultat est le même.

La violence de la tempête s'intensifie. Notre abri vibre de toute sa carcasse. Nous sentons qu'il n'est plus sûr. Il faudrait sortir, mais où aller dans l'obscurité totale? Rester est dangereux, s'enfuir est redoutable. Avec angoisse nous attendons le jour.

Mardi 25 janvier 1983.

L'aube se lève sur un paysage de cauchemar. Le hurlement du vent et les déflagrations ininterrompues des lames qui explosent sur l'île sont inimaginables de puissance et de violence. Ciel de plomb. Pluie rageuse à l'horizontale. Vent effarant de fougue destructrice. Les gros et beaux arbres, tels les kahaya, sont saccagés, disloqués, déracinés. Les cocotiers offrent un spectacle hallucinant de lutte contre le vent. Ils ploient à 60 degrés, toute la frondaison à l'horizontale, les racines soulevant la terre, se cramponnant pourtant. Les palmes volent, les noix tombent comme des boulets et, çà et là, un tronc casse et se trouve plaqué au sol, brutalement, avec un bruit sourd et bref. Certains arbres se brisent à environ un mètre du sol, mais la grande majorité sont déracinés. Le risque d'être écrasé sous la chute d'un cocotier est immense. Nous ne pouvons pas rester dans la cabane.

Plusieurs troncs en menacent le toit. D'autres vibrent à l'aplomb de la citerne.

Nous sortons guetter les chutes des arbres, pour sauter de côté au dernier moment, ne sachant pas quel tronc cédera en premier.

Une brève incursion vers le sommet de la plage, dans le dédale des arbres couchés, des branches cassées, les yeux au ciel pour zigzaguer entre les chutes possibles, nous a convaincus qu'il y a quelques heures que le raz de marée a commencé. Des arbres et des blocs de pierres charriés par des vagues gigantesques forment un glacis tout autour de notre zone, exactement sur la ligne la plus haute de l'atoll. Nous sommes légèrement en contrebas, plus que menacés. C'est probablement une question de temps.

Dans la grisaille et la pluie, on distingue mal les vagues qui s'écroulent sur le récif, des vagues monstrueuses aussitôt éclatées dans un bouillonnement d'écume. C'est flou, à peine discernable. Puis soudain, dans le vacarme géant, un fracas plus puissant, un mur d'eau qui monte à l'assaut droit sur nous, un mur d'eau et de corail arraché au récif, écrasant tout sur son passage. Nous fuyons, persuadés de n'avoir que le temps de grimper sur la toiture. Non, la lame colossale s'épuise et s'arrête au même point que les précédentes. Question de temps...

Le vent souffle du sud, mais la mer menace du nord et de l'est. Nous sommes là, les yeux au ciel face au sud, nous retournant sans cesse dans l'attente d'une vague plus forte. Les heures passent. Impossible de nous entendre. Le hurlement du vent se heurte au roulement de tonnerre du récif.

Nous avons froid malgré nos combinaisons de plongée et nos suroîts. La fatigue y est sans doute pour quelque chose. La peur sûrement pas. Nous sommes trop occupés à surveiller les arbres, les craquements, les vagues pour avoir du temps pour la peur. Le souci, l'évaluation de nos chances, oui, oh oui ! Pas la peur.

Puis vers 11 heures, le vent faiblit. Le ciel se déchire imperceptiblement. Les arbres battent toujours leur sarabande mais plus aucun bruit de chute. Le vent continue à faiblir, et bientôt c'est le calme, presque le calme. Après ces heures de furie, nous voilà soulagés, épuisés mais soulagés. Ça y est, on en sort ! Des minutes passent... et si nous étions simplement dans l'œil du cyclone ?

Nous en profitons pour bouger un peu et voir.

Le spectacle de la mer est monumental. Dans un vacarme assourdissant, les vagues déferlent, cataractes géantes, mortelles, submergeant l'île sur des kilomètres. Et dans ce chaos, nous émergeons comme sur un radeau d'environ 150 mètres de côté...

Au lagon, l'appentis sous lequel une pirogue et une barque se trouvaient entreposées a disparu. Les épaves disloquées gisent sur des centaines de mètres dans la cocoteraie, dans un entrelacs de pierres et de branchages.

Le clapot a fait place à des déferlantes d'au moins quatre mètres, aiguës, tranchantes, qui se succèdent à un rythme effréné, espacées de quelques mètres à peine. Je n'imagine aucune embarcation pouvant tenir là-dedans.

Il faut repartir. Vite. Le vent reprend, rapidement croissant. La pluie réapparaît. Les arbres plient. Tout recommence. Nous étions bien dans l'œil du cyclone ou plutôt à la périphérie de cet œil. L'accalmie n'aura duré que quelques minutes.

Nous reprenons nos postes de guet, face au vent qui a tourné, face aux arbres et face à la mer. Deux grands cocotiers menacent à nouveau l'abri et la citerne. S'ils cédaient, ce serait une catastrophe puisque nous serions d'une minute à l'autre démunis de tout, matériel, nourriture, eau douce, et de plus coupés du monde extérieur. Le tronc le plus grand, le plus lourd, penche très exactement au-dessus de l'endroit où sont entreposés nos biens les plus précieux. Ébranlé par cette longue nuit, il soulève la terre au-dessus de ses racines avec la régularité d'un métronome. La maison n'offre absolument pas la résistance nécessaire pour amortir sa chute éventuelle. Faite de cailloux de corail grossièrement amalgamés à la chaux, dépourvue de fondations, surmontée de tôles plus ou moins rouillées et mal ancrées dans des

17 

17. Le cyclone Nano s'est considérablement aggravé

18 

 19

18. Nous ne saurons jamais où était passé Siki pendant le cyclone. — **19.** Au lagon, les noix de coco refoulées par la tempête commencent à pourrir

20. Nous restons dehors à guetter les chutes d'arbres

arbalétriers termités, c'est miracle qu'elle ait tenu jusqu'à présent. Il ne faudrait pas lui imposer quelque choc supplémentaire.

Encore plusieurs heures et enfin, imperceptiblement, le vent tombe, son sifflement s'adoucit. Les troncs se redressent, comme à regret, moulus et fourbus. On dirait des vieillards perclus qui tâtent d'une nouvelle position. Des rescapés d'un grave accident, d'une chirurgie lourde. Ils se redressent bien sûr, ils n'en finissent pas de se redresser, mais tous gardent obstinément un air penché, tous conservent ce toupet dégarni, déplumé, maladif. Ces palmes, qui formaient il y a trente-six heures à peine une sphère joufflue et orgueilleuse au sommet de chaque tronc, pendent lamentablement orientées absolument toutes dans le même sens, dans les griffes du géant...

Nous aussi, nous sommes las, très las. À gestes lents nous nous débarrassons de nos suroîts, de nos combinaisons. Nous enfilons des vêtements secs puis improvisons une table et des sièges à l'aide d'un bac renversé et de boîtes en fer-blanc. Des biscuits, un pâté, un peu de chocolat et un bon coup de rouge, suivi d'une cigarette fumée à longs traits, avec volupté. C'est bon. Ça va mieux. Ça va tout à fait bien. Allons refaire un tour juste avant la nuit.

Arbres brisés, arrachés, palmes, noix, pierrailles, tôles et débris de toutes sortes forment un lacis inextricable. Les vagues ont transporté un mur de rocs et de troncs, qui s'arrête à soixante mètres à peine de notre masure, sur une ligne de crête qui nous domine d'environ un mètre. Au-delà, la mer a déferlé jusqu'au lagon, charriant des milliers de tonnes de corail, rasant la cocoteraie. Certains blocs mesurent près de cent mètres cubes.

L'île est méconnaissable. La côte était grise, la voilà blanche. La forêt a disparu. Des grands arbres dans lesquels nous suspendions nos multiples objets, notre hamac, autour desquels nous avions haubané la tente, plus trace. Seuls quelques moignons de souches tordues émergent çà et là, à quelques centimètres du sol.

Du campement il ne reste rigoureusement rien, comme s'il n'avait jamais existé. Les poteaux, les tables, les bancs gisent éparpillés et disloqués sur des kilomètres. Çà et là, au cours des semaines à venir, nous reconnaîtrons tel ou tel objet, dans un fouillis de branchages, de racines et de pierrailles.

Rien n'est récupérable.

Au lagon, la plage a fait place à un formidable amoncellement de débris végétaux : troncs, branches, palmes, noix.

Et, partout, des oiseaux morts ou blessés.

Nous avons eu beaucoup de chance. Qu'aurions-nous pu faire si les vagues s'étaient creusées de deux ou trois mètres de plus ?

Grimper dans la toiture ? La bicoque serait partie en morceaux au premier assaut. Les inondations n'ont rien à voir avec un raz de marée. Dans le premier cas, le niveau d'eau monte progressivement, presque sans danger. Un raz de marée sur un atoll, c'est autre chose. C'est une vague déferlante qui roule avec elle des rochers, du bois et du sable. C'est, dans le cas d'un cyclone, une vague qui se renouvelle inlassablement au rythme de toutes les huit ou dix secondes, pendant une douzaine d'heures. Non, la vieille masure n'aurait pas tenu. Nous serions tombés dans un amas de moellons et de tôles rouillées et tranchantes. Il y aurait eu des blessures graves, très graves. Nous aurions été emportés.

Alors ? Grimper dans un cocotier ? Lequel tiendra ? En préparer plusieurs, les étêter, tailler des marches, planter de gros clous, y grimper à la dernière seconde, lorsque la vague s'élance à quelques mètres ? Même si l'arbre tient, rien ne prouve qu'un autre ne viendra pas s'écrouler dessus, et là comment l'éviter ? En sautant dans le fracas des vagues ?

S'asseoir dans la baleinière ? Il y a peu de chance qu'elle veuille flotter, écrasée d'eau et de cailloux... Amarrer cette baleinière au milieu du lagon ? Comment la mettre à l'eau dans les déferlantes ? Préparer le tout à l'avance ? Comment la rejoindre, alors ? À la nage, en se halant sur un cordage, pour ne même plus la retrouver, car coulée depuis des heures ?

Je ne vois qu'une solution : être loin, très loin, ailleurs !

Le soir même, après avoir hissé l'antenne dans la mesure du possible, nous tentons une liaison avec Tahiti pour rassurer nos familles. Les ondes passent très difficilement, l'antenne est mal orientée et les conditions atmosphériques restent exécrables. Notre émission est si faible que nos amis nous devinent à peine, mais c'est avec émotion que nous entendons Julio nous dire :

— Paul, je ne te reçois presque pas. J'ai cru comprendre que tu disais que ça va. Je n'en suis pas sûr, de toute façon nous sommes là, tout le Yacht-Club, heureux de vous savoir au moins encore vivants. Nous serons de nouveau à l'écoute demain et tous les soirs à la même heure. Bon courage. Bonne chance. Terminé pour « Alpha Centaury ».

Je hurle aussi fort que possible dans le micro, je voudrais prolonger cet entretien, ce contact, cette amitié, cette chaleur. Je voudrais qu'on rassure nos familles. Mais plus rien ne passe. On aura compris là-bas deux mots : « Paul -Ahunui » et cru comprendre deux autres mots « ça va ». C'était l'essentiel.

CHAPITRE XIV

La rescousse

Nous avons dormi longtemps, abrutis de fatigue. Encore couchés, les yeux ouverts, la tête pleine de souvenirs de vent, de vagues et de fracas, nous n'éprouvons guère le besoin de bouger. Dans son coin Siki a bâillé et s'est renfrognée. Jamais nous ne saurons où elle était passée durant la journée d'hier.

Le soleil inonde la pièce par la porte grande ouverte. Le bruit du récif nous parvient, puissant. L'océan mettra quelque temps à se calmer. Par contre, aucun cri d'oiseau. Même le coq n'a pas chanté ou alors nous ne l'avons pas entendu. C'est le premier matin « silencieux ».

— J'ai l'impression d'avoir vieilli de dix ans.

— Moi aussi.

Nos regards s'égarent sur des objets ou dans le vide. Rien ne presse. Nous connaissons le spectacle qui nous attend : la désolation. Pourtant nous n'éprouvons rien, ni la joie d'être indemnes ni la tristesse du désastre. Je crois bien que nous sommes simplement hébétés.

Après une telle épreuve, rien n'a d'importance. Laisser aller. Laisser décanter. Être tout entier dans l'acte de sa propre respiration. Sentir l'air qui pénètre, s'écoule et se dilue. Être tout entier dans le battement de ses paupières. Éprouver le poids qui les ferme. Se fondre dans le mouvement d'une main, dans la flexion des doigts... Surtout ne rien faire. Ni bouger, ni parler, ni raisonner. Laisser couler.

L'heure tourne. La chienne se lève, étend laborieusement ses pattes avant, bâille, la gueule largement ouverte sur une langue en arc de cercle, puis étire ses pattes arrière en esquissant deux ou trois pas avec les seuls membres de devant. Enfin elle se secoue comme pour chasser la lourde accumulation des miasmes des heures passées. À présent la voilà debout, ne sachant que faire.

— Siki.

Elle vrille ses yeux dans les miens, longuement, puis, comme je ne dis plus rien, fixe Danièle avec la même intensité. Apparemment, il n'y a rien à tirer de nous. Elle se dirige vers la sortie, se retourne, nous lorgne encore un instant et disparaît.

— Je vais faire du thé, décide Danièle.

Oh oui, un thé fort et brûlant, à vous décaper toute cette glu. On pensera après.

Dans le ciel d'Ahunui, à nouveau une colonnette de fumée. Un feu : la vie reprend. Sans enthousiasme peut-être, mais une flamme c'est tout de même déjà quelque chose. La jeune chienne ne s'y est pas trompée. A-t-elle vu le signal ? A-t-elle flairé un peu d'âcreté dans l'air ? Toujours est-il que la voilà de retour, formant cercle avec nous, au milieu des décombres.

— Quelle tristesse !

— Nous avons eu une sacrée chance.

— Tout ce travail pour rien...

Je ferme les yeux. J'essaie d'imaginer avant. Je les rouvre : le gâchis.

— Que vas-tu faire aujourd'hui ? demande Danièle.

— Tout d'abord voir les nacres.

— Tu penses que nous pourrons continuer l'élevage.

— J'ai peur que non. Il n'en reste peut-être pas une seule vivante.

Dans le lagon, je ne retrouve plus l'endroit où nous avions immergé les huîtres. On n'y voit rien. L'eau est vert sale, opaque. Le niveau a tellement monté que la lagune mettra plusieurs jours à dégorger dans la mer. Tout est bouleversé, anéanti et toutes mes économies sont là, enfouies à jamais sous plusieurs mètres de corail.

Dix ans de travail et de rêve, éclatés, assassinés, évanouis.

Sur l'île elle-même des centaines de milliers de tonnes de corail forment un immense linceul. Tout ce corail se décompose. L'île pue. J'ai envie de vomir.

Soudain un bruit insolite, comme un vrombissement.

— Tu entends ?

— On dirait un moteur. C'est un avion, UN AVION LÀ, LÀ, UN AVION MILITAIRE !

Fini le défaitisme, fini la résignation. Frénétiquement nous agitons les bras vers l'appareil qui nous survole en rase-mottes. Il nous a vus, il bat des ailes.

— Il faut le contacter. Viens sur la plage, on va essayer d'écrire notre fréquence.

Nous courons. Tant bien que mal — moi plutôt clopin-clopant — à enjamber les troncs couchés et escalader le talus pour nous mettre bien en évidence sur la grève nue. L'avion revient. Une grosse tache orange s'en détache, coiffée d'un panache blanc.

— Un container. Ils nous envoient un container de survie. Les braves types. Vite avant qu'ils partent.

Nous ramassons des palmes pour écrire le chiffre. Bon sang, les voilà déjà de retour sur nous. Ils battent encore des ailes. Ils vont partir, c'est sûr. Je lève la main immobile : Stop. J'espère qu'ils comprendront.

L'avion vire encore et effectue un nouveau passage. Pas le temps de rassembler de quoi écrire. Du pied, nous traçons dans le sable le chiffre magique. Pourront-ils lire quelque chose là-haut ? Le soleil est au zénith, tout est blanc, écrasé, sans une ombre.

— Tant pis je fonce à la radio. Garde la main tendue.

— Avion - Avion - Avion au-dessus d'Ahunui. J'appelle avion sur Ahunui. Répondez.

— Avion - Avion. J'appelle d'Ahunui.

Vont-ils trouver la fréquence ?

— Avion sur Ahunui. Avion - Avion. Répondez.

— Ahunui de Neptune 331 à vous.

Du coup je crie, je bafouille, j'ai les larmes aux yeux.

— Salut les gars. Bonjour. C'est chic d'être venus. Merci. Merci. À vous.

— Ahunui de Neptune bien compris. À vous.

— Tout va bien, les gars. Ça va pour nous. Nous n'avons besoin de rien. On a sauvé l'essentiel. Merci, merci à vous. Rassurez nos familles. Vous êtes chics. M'avez-vous bien reçu ?

— Ahunui de Neptune affirmatif.

— On s'en est tiré, tout va bien. On a eu beaucoup de chance. Ça fait chaud de vous voir là-haut.

— Ahunui de Neptune. Un bateau passera d'ici quelques jours. À vous.

— Ce n'est pas la peine de dérouter un bateau. Ce n'est pas la peine. Il y a sûrement des îles plus touchées que nous. Nous pouvons tenir sans problème. Rassurez nos familles. Ça va pour nous. Merci à tous. À vous.

— Ahunui de Neptune, conservez le container, on viendra le récupérer. Bonne chance à vous. Terminé pour Neptune.

— Salut à vous. Salut les gars. C'était vraiment chic d'être venus. Merci encore. Merci. Adieu.

Ils sont repartis. Nous restons là longtemps, immobiles, le cœur bouleversé. Une fois de plus, nous mesurons combien l'isolement rapproche les hommes. Ne pourrait-on parachuter des containers d'espoir dans la foule, sur les solitudes morales, somme toute les vraies solitudes ?

Au fait qu'y a-t-il dans notre cadeau ?

Fébrilement nous ouvrons le container. C'est la fête.

— Des oranges !

Danièle rit de plaisir.

— Tu te rends compte, des oranges par parachute !

— Et des pamplemousses !

— Et là, du pain, du lait, de l'eau.

Sur la plage de caillasse et de soleil, nous sommes deux gosses sous le sapin de Noël, dans l'éclat des bougies, des boules et des guirlandes.

— Des allumettes !

— Des fruits en conserve !

— Du sucre !

Ah ! les braves types ! Nous n'avions certes pas la nécessité de cette manne. Cependant quel réconfort moral ! Je me représente tous ces militaires, au coude à coude, à enfourner tant de bonnes choses dans les containers et dans les cœurs. Saurons-nous jamais leur témoigner notre gratitude ?

— Tu sais, Danièle, nous serons peut-être survolés par d'autres avions. Nous allons peindre notre fréquence en chiffres géants sur le toit. Je ne peux pas croire que je ne l'ai pas fait plus tôt.

— Et si tu réorientais l'antenne, tout traîne par terre.

— On verra demain. Ça ne risque plus rien maintenant.

J'ai tort. Dans la nuit, Siki en profite pour se faire les dents sur le coaxial, c'est-à-dire le câble reliant l'antenne au poste. Elle le débite en tout petits bouts de quelques centimètres sur une longueur d'au moins deux mètres.

Au réveil nous sommes vraiment isolés et je ne sais si je pourrai réparer, n'ayant jamais affronté ce problème.

La rage me saisit, j'attrape la chienne et lui flanque une raclée.

— Tu crois que cela servira à quelque chose maintenant ? demande Danièle.

— Quel stupide animal ! Quelle idiote !

— Je t'en prie, calme-toi. Ce n'est qu'une bêtise de chien.

— Et si ce câble répond à des normes précises, comment ferons-nous ? Je n'ai jamais réparé ça, moi.

— Essaie d'abord. Nous en reparlerons après.

Bien sûr, après tout il n'y a qu'un fil revêtu d'une gaine métallique avec les isolations adéquates. La connexion des brins tranchés se révèle toute simple et le fonctionnement du poste ne marque même pas de différence.

Entre-temps Siki a disparu. Elle ne reviendra qu'au soir à l'heure du repas... J'aimerais tout de même lui faire comprendre de ne jamais s'intéresser à quelque fil que ce soit : coaxial, antenne, ligne de pêche, cordage ou autre. Je lui fourre un bout du câble qu'elle avait sectionné dans la gueule, et je la musèle solidement avec un autre fragment.

Deux à trois heures à baver et à gratter sur les liens sans parvenir à s'en libérer. Enfin elle se résigne, se couche en face de nous, nous regarde l'un et l'autre avec les yeux pleins de détresse et de supplication.

— Tu as compris maintenant ? Tu ne dois pas manger ça. Jamais.

Je brandis un bout de cordon sous sa truffe en répétant : « PFOUI, PFOUI ! »

Danièle paraît sceptique.

— Tu crois qu'un chien de Tahiti comprend l'alsacien ?

— Depuis le temps que je lui répète ce mot je te garantis qu'elle le connaît.

— Ça me rappelle tes histoires d'éléphants.

— Ah oui, en Inde les éléphants sont tous dressés en hindi, quelle que soit la langue de la province.

— Tu penses qu'on dressera les chiens en alsacien ici ?

— Non, ici on les mange. Fiu !

Enfin la chienne se trouve libre. À maintes reprises elle ouvre et ferme la gueule pour bien s'assurer que le mécanisme fonctionne toujours, puis se frotte les babines avec les pattes, comme pour les masser et exorciser cette vilaine aventure.

— Cette fois nous serons tranquilles.

— Oui, surtout lorsque j'aurai hissé le coax hors de sa portée.

Et passent les jours à réinstaller les gouttières d'abord, puis les panneaux solaires. Nous entamons également la réfection des pistes et du toit de la citerne.

Nous sommes le 31 janvier au soir, six jours après le cyclone. Soudain un long mugissement.

— Danièle, tu entends ? Un bateau !

Nous courons voir. Là, au droit du point de débarquement, un bâtiment militaire, *La Lorientaise*. Déjà les hommes s'affairent sous les bossoirs [1]. L'instant d'après, une baleinière touche l'eau et une dizaine d'hommes y prennent place.

— Cette île n'a jamais eu tant de visiteurs.

— Je pense qu'ils font la tournée des atolls sinistrés. Peut-être même vont-ils nous proposer de partir.

— Et tu diras quoi ? demande Danièle.

Je ne réponds pas, absorbé par la manœuvre d'approche que j'essaie de guider au mieux.

— Alors, Taote, pas trop de casse chez vous ? s'enquiert l'administrateur des Tuamotu qui vient de sauter en premier de la chaloupe.

— Bonjour, monsieur Boisnette. Ça me fait drôlement plaisir de vous voir. Vraiment je ne m'attendais pas à vous retrouver un jour sur ce caillou.

Autour de l'administrateur, deux gendarmes, deux matelots paumotu, et quatre militaires. Les mains se tendent, les sourires s'échangent. C'est tout de même bon, les contacts.

Puis, imperceptiblement, plus personne ne bouge. Nous restons plantés sur le paka, les pieds dans l'eau, nous observant les uns les autres, un vague sourire au coin des lèvres. Une espèce de temps mort qui attend de basculer vers l'envie ou la pitié pour eux, vers l'exubérance ou la réserve pour nous. Dans leurs regards, comme une gêne, comme une surprise mêlée d'incrédulité et de curiosité. On nous dévisage avec tant d'insistance

1. Bossoir : potence pour la mise à la mer d'une embarcation.

que je me tourne vers Danièle et, pour la première fois, prends conscience de son physique et de son rayonnement. Loin des fards et des artifices, elle est la beauté morale et « animale » à l'état brut.

Malgré son short et son tricot passablement éprouvés, elle apparaît superbe, chaque muscle adouci par le hâle cuivré des mois passés au grand air. Elle a serré ses cheveux en tresses. Ses yeux pétillent de joie et de malice. Elle se meut avec aisance sur les tranchants du corail. Elle fait très princesse de l'île accueillant ses sujets. Elle est simplement éblouissante. Les hommes ne s'y trompent pas. Ils restent là, les bras ballants, béats, un peu gauches, puis me dévisagent moi-même.

Les cheveux jusqu'aux épaules, le front ceint d'un bandeau de couleur vive, le visage barbu en diable et probablement marqué par les difficultés accumulées, je dois être à cent lieues de l'image qu'on se fait d'un bon docteur, pétri de respectabilité. Je m'adresse au barreur pour faire diversion.

— *E hoa, mea maitai ri io-nei. Aita hoe apoo. A hingo koe* (Eh l'ami, c'est mieux ici. Il n'y a pas un seul trou. Regarde).

En effet la chaloupe aurait eu avantage à aborder un peu plus à gauche. Tout à l'heure le départ en serait facilité. Le Paumotu soulève les sourcils en guise d'acquiescement et s'emploie aussitôt à haler l'embarcation au bon endroit, à l'étonnement des militaires. Ces derniers ne se mêlent jamais de donner des conseils de ce genre à leurs baleiniers qui d'ailleurs ne les écouteraient pas.

— Vos nacres, ça va ? demande enfin l'administrateur.

— Non, nous avons tout perdu. Elles ont été recouvertes par une épaisseur de deux ou trois mètres de corail. Il n'y a aucune survivante.

— On peut... visiter ?

— Venez.

Et tous de nous suivre vers la cabane, l'un des gendarmes serrant un livre-rapport sous le bras.

— C'est vous qui avez fait ce chemin ? interroge encore M. Boisnette.

— Pour ce qui en reste...

Un beau chemin, parfaitement déblayé entre deux talus de cailloutis et de troncs coupés, brutalement interrompu par le mur de débris édifié par les vagues.

Il n'y aura guère d'autres questions. Nos hôtes regardent la masure, la pièce misérable croulant sous les rangements. Ils s'intéressent un instant à notre installation solaire, découvrent la perceuse pneumatique fonctionnant sur une bouteille de plongée, jettent un coup d'œil sur la citerne, mesurent notre minuscule périmètre de survie cerné par le raz de marée. Ils évaluent surtout notre présence dérisoire dans cette immense chaos.

À Hao où pourtant les liaisons, tant aériennes que maritimes, ont été rétablies, où l'armée se dépense sans compter pour relever le village de ses ruines, plus de la moitié de la population a déserté. Le bateau qui attend au large regorge d'hommes et de femmes qui abandonnent leur île natale pour un temps, pour toujours ils ne savent pas encore. À Tureia où les vagues ont été évaluées à 18 mètres, ce sera probablement le même renoncement. Alors nous deux, perdus dans cette désolation, nous devrions partir, à l'évidence. On nous propose de nous évacuer. Les hommes s'apprêtent à empoigner nos affaires.

Je regarde Danièle. Elle me sourit. Elle a compris.

Nous restons.

CHAPITRE XV

Un atoll, c'est bruyant

Journal du 23 février 1983.

Un mois de passé depuis le cyclone.

... Un mois, et nous sommes toujours dans la cabane. Nous pensions mettre une quinzaine de jours pour établir un nouveau campement, mais le cœur n'y est pas. Il fait lourd et chaud, très chaud.

Réveil 6 heures, les membres gourds, les articulations douloureuses. Danièle subit sans se plaindre un début de rhumatisme au genou. Pour moi, la fracture de l'orteil semble en bonne voie. Par contre, je souffre d'une périarthrite à l'épaule et d'une bourbouille qui s'est transformée en placards pustuleux qui ne me laissent aucun répit. Tous les grands plis de flexion sont atteints : l'aine, l'aisselle, le pli du genou. La transpiration en est responsable, mais je ne puis l'éviter à moins de rester couché, à l'ombre et au vent, à ne rien faire. C'est peu envisageable et aucun traitement ne l'améliore.

Le petit déjeuner se compose de grandes rasades de thé, de pain frais et croustillant, copieusement tartiné de beurre en boîte, de miel ou de confiture. Nous restons assis un long moment, adossés au mur du cabanon, sirotant et mangeant, rechargeant nos accus pour la journée qui s'annonce.

Puis c'est le travail. Danièle fait la vaisselle, le ménage, la lessive, nourrit la volaille — enfin ce qui en reste — et cuit son pain. Moi, je pars couper des pieux et creuser des trous pour échafauder une nouvelle armature de campement. Mais rien n'est simple.

Les distances s'étirent, la tronçonneuse tombe en panne, les clous se raréfient, la chaleur et l'humidité sont accablantes. Vers 10 heures, nous sommes épuisés. C'est souvent à ce moment-là que nous partons à la pêche, soit au filet soit au fusil.

À 11 heures, nous déjeunons rapidement avant de faire une courte sieste. Il est presque impossible de faire quoi que ce soit, même de dormir. Il fait si chaud !

Dans l'après-midi, je bricole sous l'appentis. Il y a toujours un truc en panne ou en passe de l'être. Un peu plus tard, avec un courage nouveau, nous reprenons notre travail en commun. Nous transportons les pieux les plus lourds, les planches les plus encombrantes, hissons la tente sur sa charpente, clouons de nouvelles tôles sur la maison, retraçons les pistes. Nous fabriquons des nasses, des pièges, des cages de toutes sortes. Dans le même temps, nous filmons, nous lisons, nous écrivons un peu.

Le soir venu, sonne l'heure sacrée de la douche. Heureusement, nous disposons d'eau douce à suffisance. La citerne est notre luxe le plus précieux. Quelle volupté de laisser couler l'eau sur nos cuirs tannés par le sel, le soleil et la sueur !

Nous dînons à la tombée de la nuit, et c'est à chaque fois une fête ! Des repas somptueux, débordants de poissons, langoustes, crabes, cœurs de palmier, courlis à la broche... Ensuite, nous fumons la pipe et le cigare, avec un doigt de cognac. Parfois nous établissons un contact radio avec un copain. Bientôt Danièle s'effondre dans un sommeil profond.

Malheureusement je n'ai pas cette faculté de dormir instantanément. Je reste seul, fixé par l'insomnie.

Le bruit me harcèle. Autant le camp du bord de mer était bercé par le grondement hypnotique du récif, autant la cocoteraie résonne d'un infernal tintamarre.

Le coq jette périodiquement son appel discordant et dérisoire.

On ose nommer cela un chant ! Comme tous les coqs de Polynésie il s'époumone jour et nuit, surtout la nuit, mais il n'est pas seul.

Les sternes blanches volettent et jacassent du crépuscule à l'aube. Les noddis bruns à front beige coassent comme des grenouilles en rut alors que les noddis noirs à front blanc émettent un son de crécelle.

Pendant ce temps, les rats, attirés par les noix de coco disposées dans le poulailler, grouillent, couinent et s'agitent en tout sens. On les entend galoper sur la toiture, grignoter avec passion des bouts de papier, se disputer sous nos lits. Lorsque j'ai le courage de me lever, je dispose une tapette à mes pieds. Le piège fonctionne à un rythme qui oscille d'une à dix minutes. Ce sont eux qui gagnent car, au bout de trois ou quatre victimes, j'en ai assez et préfère me boucher les oreilles.

Deux autres fauteurs de bruit dominent cependant le tableau : les kaveu et les bernard-l'ermite.

Les premiers quoique peu nombreux, en moyenne une douzaine autour de la bicoque, développent une telle puissance de choc dans la vaisselle que même les boules de cire obstruant les oreilles sont impuissantes à protéger mon repos. Il faut alors se lever une fois de plus, saisir le scélérat en prenant garde d'éviter ses formidables pinces et ses longues pattes griffues et le jeter au loin, parfois même le poursuivre à jets de pierres. Ainsi maltraité, le crabe de cocotier ne reviendra plus m'importuner, du moins pas cette nuit. Souvent, il ne viendra même plus jamais puisqu'il sera servi en guise de plat de résistance au repas du lendemain.

Les bernard-l'ermite, pour conclure, sont incontestablement les plus nombreux, les plus omniprésents, les plus rongeurs, les plus pénibles des hôtes de cet atoll. Partout, ils apparaissent comme une génération spontanée. Tapis dans un coin d'ombre durant la journée, ils abandonnent leur cachette lorsque le soleil décline pour se lancer dans quelque aventure de chapardage tous azimuts qui ne prendra fin qu'au jour naissant. Appâtés par les odeurs de victuailles, ils coloniseront nos différents campements avec une constance déconcertante. Processionnant à petits pas prudents, caparaçonnés dans leurs coquilles casemates, ils s'égrènent en chapelets qui se croisent et s'entrecroisent à l'infini, ratissant le sable au point d'effacer nos pas tous les soirs, traquant les odeurs infimes, grignotant les miettes, ne laissant subsister ni nourriture, ni emballage. Ils soulèvent les couvercles et se faufilent dans les casseroles vides et lavées à grande eau. Ils s'insinuent dans nos caches les plus secrètes, grimpent aux branches où se balancent nos poissons, plongent dans les bassines d'eau où nous nous lavons, se hissent à la verticale sur les murs pour dévorer le pauvre bout de savon oublié sur une margelle. Les plus hardis s'attaquent même à nos orteils provoquant notre colère.

Et tout cela ne va pas sans bruit, sans froissement des palmes sèches qui jonchent le sol et sur lesquelles ils circulent, sans craquements du bois de chauffage dans lequel ils s'empêtrent, sans tintamarre des tôles dont ils raclent les nervures, sans sonnaille de la vaisselle au travers de laquelle ils partent au pillage. Ah les bandits ! Il m'arrive de vouloir griller parfois l'un ou l'autre sur la braise, l'un de ceux qui ont commis les forfaits les plus graves... mais l'exemple ne sert à personne, encore moins à un bernard-l'ermite !

Ce soir pourtant, nous quitterons la cabane. Nous retournerons enfin au bord de la mer. Malgré le mauvais temps, nous passerons la nuit au nouveau campement. Nous serons heureux... une nuit. Une seule !

Orama est déjà en route !

21

21. La vieille cabane en palmes où Danièle faisait sa cuisine

22

23

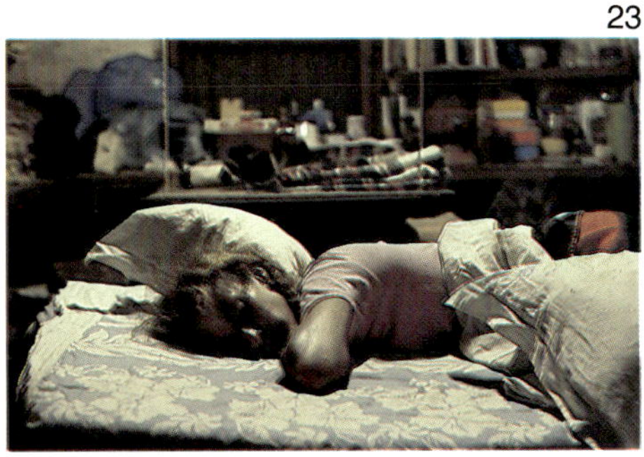

24

22. Paul ouvrant des cocos germés. — **23.** Dans la cabane, Danièle, insensible aux rats et aux moustiques. — **24.** Le coin repas

25

25. Cette fois nous ne prendrons plus le risque d'être écrasés. — **26.** Les bébés tortues

26

CHAPITRE XVI

Orama, le deuxième cyclone

Depuis deux jours la mer a fortement grossi. Elle submerge les zones habituellement hors d'atteinte, pour gagner ce que je considère à présent la cote d'alerte.

Je reprends la météo le 24 février pour apprendre avec stupeur qu'un nouveau cyclone se dirige vers nous. Après avoir dévasté les atolls de Takapoto, Manihi, Ahé et Rangiroa, l'ouragan Orama infléchit sa course au sud-sud-est vers Anaa. Nous sommes encore loin, mais cette trajectoire nous désigne tout particulièrement. Inutile de tergiverser.

Il faut redémonter la tente, redéménager, remettre tout à l'abri dans la cabane, redéfaire l'antenne radio, hisser une nouvelle fois les bateaux au sommet de l'île.

Cette fois nous ne prendrons plus le risque d'être écrasés sous les chutes de cocotiers. Nous attaquons avec détermination tous les troncs restants dans le périmètre de la maisonnette. Depuis le premier cyclone, certains arbres sont restés penchés exactement sur notre abri ou sur la citerne. Qu'ils disparaissent !

Il faut une fois de plus adosser une échelle, frapper une élingue et haler à mort pour dévier les chutes. Danièle s'affaire au treuil, ce qu'elle exècre, et moi je manie la tronçonneuse qui, hélas, tombe bientôt en panne. Je perds un temps précieux à tenter une réparation, sans succès. Force est de recourir à la grande scie à chantourner. Maladresse ou malchance, dans la rage d'en finir, je brise la lame presque aussitôt. Pour comble de malheur je ne dispose que de trois lames et les deux autres demandaient à être aiguisées depuis des lustres. Jamais je n'avais pris le temps de le faire. À présent il est trop tard.

De toute façon, la nuit est tombée, le vent forcit et la pluie noie toute possibilité d'éclairage du chantier. Il faut se résigner à cesser nos travaux.

Danièle épuisée s'endort. Trop énervé, je n'ai pas cette chance.

Vers 2 heures du matin, se produit une éclaircie inespérée dans laquelle apparaît même un petit bout de lune. Il n'en faut pas plus. Je réveille Danièle, saisis la cognée et nous revoilà à taper, tailler, haler, frapper sur ces maudits cocotiers. Au petit jour j'ai les mains en sang, pleines de cloques crevées, malgré les gants de cuir. Je suis exténué et Danièle ne vaut pas mieux. Mais il peut venir, Orama, nous sommes prêts.

Il ne viendra pas. Pas vraiment en tout cas. Nous connaîtrons des vents violents et une mer très grosse, mais le cœur du typhon passera dans notre ouest sur les atolls d'Anuanuraro et Nukutipipi, là où mon ami Madec venait tout juste d'échafauder une gigantesque et magnifique ferme maritime. Madec n'avait rien épargné, ni sa peine ni sa fortune : un outillage phénoménal, une installation de dessalement d'eau de mer, des bungalows en kit, une piste d'aviation toute neuve, jusqu'à un four à pain en briques réfractaires, tout achevait de se mettre en place.

Cette ferme devait être l'aboutissement de la carrière aventureuse de ce Breton charmeur et courtois mais têtu et consciencieux. Elle devait être la consécration de sa vie de marin. Orama ne lui laissera aucune chance. Le cyclone anéantira la totalité de l'entreprise.

Quelques jours après la terrible tempête, un bateau militaire viendra à la rescousse, mais le mauvais temps ne permettra même pas de débarquer une baleinière. Madec quittera son île à la nage, couvert de meurtrissures et d'infections, malade de faim et de soif, serrant dans son slip quelques vagues pièces d'identité. Madec recommencera pourtant, je le sais.

Un autre ami, Paolo, a probablement souffert lui aussi de ce cyclone. Paolo Mambretti, l'ami fidèle que nous ne connaissons que par la magie de la radio. Paolo, le businessman retiré des stress et des mondanités et réfugié à Rangiroa où il cultive son jardin et sa passion de la radio. Il avait capté nos premiers appels et, depuis, avait régulièrement assuré le relais entre nous et nos familles, allant parfois jusqu'à transmettre des nouvelles par l'intermédiaire de cinq bateaux différents.

Danièle et moi n'oublierons jamais ces messagers de l'ombre qui avaient pour noms : Golden-Italie, Alpha-Centaury, Menava, Hokulea, d'autres encore. Les ondes couraient d'un bateau à l'autre, au gré de la puissance des émetteurs et des caprices de la météo. Elles s'envolaient de France ou de Tahiti pour aboutir dans notre misérable baraque et dans nos cœurs en émoi. Nous tentions de convaincre nos parents du bien-fondé de notre entreprise. Nous étions réconfortés de savoir les enfants en bonne santé. Nous apprenions avec tristesse la mort d'un oncle cher. Aujourd'hui c'est à nous de décocher un peu d'amitié.

— Golden-Italie, Golden-Italie de Ahunui. À toi.

Inlassablement, je lance mon appel. Ce n'est que le soir du quatrième jour que j'accroche enfin Paolo. Nous sommes le 27 février. Orama s'évanouit tout juste quelque part dans le sud, que déjà Prema, une nouvelle dépression, est annoncée dans le nord-ouest des îles Sous-le-Vent. Direction : toujours vers nous.

Paolo semble abattu.

— Le lagon a noyé le village. C'était terrible. C'est presque incroyable qu'il n'y ait pas eu de victimes. Pour moi, trois ans de travail anéantis. Enfin, je ne pense pas nécessaire de te faire un dessin.

— Qui pouvait prévoir deux cyclones en un mois ? Tu te souviens, Paolo, tu disais que nous serions tranquilles pendant vingt-cinq ans. D'après les statistiques, ça devrait faire cinquante maintenant.

— Les statistiques, je n'y crois plus.

— Quels sont tes projets ?

— On reconstruira en plus solide.

— Et le bouquin ? Tu t'en souviens, tu me suggérais d'écrire un livre avec pour titre : « Dans l'œil du cyclone ».

— Bien sûr, je n'ai pas oublié. Nous pourrions l'écrire ensemble maintenant.

— Faudrait d'abord nous rencontrer un jour.

— Ah oui, ça j'y tiens. Quand tu...

Je n'entends plus la suite. Des pêcheurs japonais nous couvrent soudain, sans attendre la fin de notre liaison. Ils émettent sur la même fréquence avec des radios beaucoup plus puissantes. J'ai beau hurler dans le micro, les insulter en français, en anglais. Ils continuent comme si de rien n'était. Je connais même quelques injures en japonais. Rien n'y fait. Ces gars-là nous entendent mais nous ignorent.

Je renonce, la rage au cœur.

CHAPITRE XVII

« Je suis un lion »

— *I am a lion* (Je suis un lion).

— *I beg your pardon* (Je vous demande pardon) ?

— *I am a lion* (Je suis un lion).

— *You're a lion* (Vous êtes un lion) ?

— *Yes I am* (Oui parfaitement).

Nous sommes à présent au sommet de la plage, à la lisière du bois. Je dis bien de la plage, car depuis Nano, l'effroyable ramassis de coraux gris et tranchants a fait place à des galets de belle couleur blanche et même à du sable, du moins là où nous avons rebâti. Je dis aussi du bois, car finie la jungle inextricable et étouffante. Finis les pandanus griffus et enchevêtrés. Finis les cocotiers superposés par paquets de cinquante à cent, germés à l'endroit même de la chute des noix. Emportés les moustiques et leurs gîtes de ponte. Emportés la plupart des troncs déracinés et des branches arrachées, là où le raz de marée a sévi, c'est-à-dire presque partout, sauf dans notre toute petite zone autour de la masure.

On y voit clair. On peut y marcher, difficilement bien sûr, il ne faut rien exagérer, mais tout de même, sauf sur la côte sud-ouest, on aperçoit à présent l'océan et le lagon depuis n'importe quel point de l'île.

La vie a repris, rythmée par la course du soleil, les pêches, les travaux et de temps à autre une vacation radio.

Nous avons reconstruit tout notre décor, même en beaucoup

mieux. Profitant des expériences précédentes, la tente s'étend encore plus vaste, plus spacieuse et plus pratique qu'avant.

Non loin se dresse le coin cuisine-repas, confondu en un seul élément à présent : une toiture de tôle, très haute, dépourvue de cloisons. Nous bénéficions ainsi au maximum de l'alizé. Nous jouissons d'une vue magnifique sur la cocoteraie, la grève, le récif et l'océan.

Parfois, le soir, Danièle me lance un défi aux échecs ou au scrabble. Parfois nous lisons. Parfois ma compagne tire un peu l'aiguille pendant que je sculpte quelque objet à la pointe du canif.

Ce soir, nous évoquons des souvenirs, et je raconte à Danièle l'histoire de cet énorme Américain qui s'était planté devant la porte de mon cabinet de consultations, m'affirmant sans rire qu'il était un lion.

Un fou, pense Danièle.

— Attends, tu vas voir. Je lui avais d'abord demandé si c'était parce qu'il était lion qu'il croyait pouvoir passer avant tout le monde. Il m'avait répondu oui. Je l'avais donc fait entrer et asseoir et m'étais installé en face de lui.

— Ainsi vous êtes un lion ?

— Oui, et j'ai besoin d'un avis médical immédiatement.

— Qui vous a conseillé de venir chez moi ?

— C'est la direction de l'hôtel qui m'a dit que vous étiez le médecin en charge pour les lions.

— Et à quel hôtel êtes-vous descendu ?

— Au Maeva-Beach, pourquoi ?

Du coup j'avais compris. Je m'étais souvenu du petit panneau apposé à droite de l'entrée principale :

« Lions Club » tous les mardis soir à 20 heures.

« Rotary Club » tous les..., etc.

A-t-on idée de se présenter de la sorte ? Mon interlocuteur était imbécile, prétentieux et mufle. Sous prétexte qu'il était membre du « Lions Club », il trouvait normal de passer devant la dizaine de personnes qui attendaient bravement dans la salle d'attente. Ma décision fut immédiate.

— Je ne suis pas le médecin des lions.

— Ah bon ? C'est pourtant ce qu'on m'a dit.

— C'est une erreur. Plus maintenant.

Le fauve avait eu un mouvement de recul. Je croyais voir les engrenages de la suspicion se mettre en marche sous sa crinière.

— Et vous savez qui est le médecin en charge ?

— Oui, le docteur Dumas, c'est lui, le spécialiste des lions et de toutes ces choses-là. Mais je peux vous examiner si vous voulez.

— Well. Je ne... Ce docteur habite loin d'ici ?

— Non, Papeete n'est pas très grand. Êtes-vous en taxi ?

— Oui, il attend devant la porte.

— Tenez, je vous écris l'adresse. Le chauffeur saura vous conduire.

Chez mon collègue Dumas, le taxi avait déposé son client dans la cour au bas des quelques marches qui grimpent à la terrasse qui sert de salle d'attente. Il faut dire qu'à Tahiti toutes les salles d'attente sont des terrasses. Il faut savoir aussi que les secrétaires aident les praticiens à faire les soins, de sorte qu'elles ne restent pas figées à l'accueil comme cela se passe aux États-Unis.

Donc mon lion s'était assis sagement, attendant qu'une porte s'ouvre, sans prêter attention aux trois ou quatre personnes déjà présentes, ayant chacune qui un chien en laisse qui un toutou sur les genoux.

De la salle de consultation, parvenaient des hurlements de bête traquée. Pourtant ce n'était que lorsqu'un nouveau patient s'était présenté avec un chat, suivi dans la foulée par un gamin qui trimbalait une cage avec des perruches, que le lion avait enfin jeté un coup d'œil effaré autour de lui. Sur les murs, des affiches évoquant les parasitoses les plus communes des animaux domestiques. Dans le jardin, un chenil avec trois ou quatre bêtes saucissonnées dans leurs pansements. À l'entrée du jardin enfin, un panneau : docteur Dumas, vétérinaire.

Le lion avait enfin compris et, paraît-il, fait un foin de tous les diables.

Le chauffeur de taxi avec qui j'avais lié connaissance depuis prenait à chacune de nos rencontres un plaisir fou à se rappeler les rugissements du fauve égaré. Il est vrai que la médecine est parfois une jungle.

Ce soir nous sommes en vacances. Nous rions de bon cœur. Une histoire en amène une autre et Danièle est bon public, elle en redemande. J'enchaîne donc.

— Un jour, pendant l'escale, j'étais monté à bord d'un magnifique paquebot de croisière américain : le *Mariposa*. Mais la clientèle de ce bateau est si stéréotypée, moyenne d'âge environ 75 ans, qu'à Tahiti nous appelons le navire *La Menopausa*.

M'entendant parler anglais, un couple de retraités m'avait demandé de les conduire auprès du représentant « Remington » pour faire faire une réparation sur un rasoir.

À l'époque, je travaillais en tant que médecin résident à la clinique Cardella. J'avais fait l'acquisition d'un petit dériveur et je charriais toujours un bazar hétéroclite de voiles, de brosses ou pots de peinture dans une vieille 2 CV passablement défraîchie.

Monter dans une telle bagnole paraissait déjà une aventure à mes deux touristes. Ils étaient tout excités en prenant place, la lady à ma droite, et le mari à l'arrière. Ils s'étaient esclaffés dès les premiers cahots de la route. Il faut dire que la suspension d'une 2 CV évoque plus un youyou par forte mer qu'une limousine sur autoroute, mais passons.

Un moment la charmante vieille dame m'avait demandé très poliment :

— Si je puis me permettre, que faites-vous à Tahiti ?

— Je suis médecin.

Elle avait eu un choc. Elle avait regardé ostensiblement autour d'elle dans la voiture, puis avait susurré :

— Étudiant en médecine ?

— Non, j'ai fini mes études.

Deuxième choc. Elle ne s'avouait pourtant pas battue et dans un souffle elle m'avait asséné le coup de grâce.

— Mais vous n'exercez pas !

Elle avait gagné le premier round. Je ruminais une revanche. Bientôt elle me fut offerte dans un magasin d'électro-ménager.

— Tu es représentant de la marque Remington ? Tu as ce type de rasoir ?

— *Ê*[1], avait répondu le commerçant chinois.

— Ce truc-là est en panne. Peux-tu le réparer ?

— *Aita*[2]. Je vends mais je répare pas.

Au fur et à mesure je traduisais aux deux super-conformistes qui m'encadraient.

— C'est impossible, s'était exclamé l'Américain. S'il vend il doit réparer. Remington est une marque mondiale et dans le monde entier les « dealers » assurent le service après-vente.

— Oui, dans le monde entier peut-être, lui avais-je dit, mais ici vous êtes à Tahiti.

Le malheureux s'obstinait.

— Ce rasoir est encore sous garantie et la garantie est valable dans le monde entier, c'est écrit là-dessus.

Je traduisais encore, mais le Chinois n'en démordait pas.

— Aita. Je répare pas.

L'Américain indigné avait exigé l'annuaire téléphonique dans lequel il avait cherché fébrilement, mais sans succès et pour cause, le mot Remington.

L'épouse s'était alors imposée avec une idée neuve. Elle avait vérifié la liste des « dealers » catalogués par pays sur le bon de garantie. Elle avait trouvé, elle triomphait.

— Là pour Tahiti, c'est Sin Tung Hing.

1. *Ê* : oui.
2. *Aita* : non.

— C'est moi, avait dit le Chinois.

La pauvre femme avait eu un ultime sursaut. Elle avait couru sur le trottoir pour vérifier l'enseigne. Nous étions chez Sin Tung Hing.

Une fois de plus, je croyais voir les engrenages d'un cerveau patiner dans le vide. Les valeurs sacro-saintes des standards américains s'écroulaient devant le comptoir de ce traître à l'honneur des règles du commerce international. Mes passagers étaient révoltés, atterrés. C'est alors que je leur avais porté l'estocade.

— Vous savez, en France, quand c'est cassé, on ne répare pas, on jette.

Danièle rit de plus belle.

— Tu aimes te moquer des Américains !

— Pas du tout. Les anecdotes s'enchaînent dans les souvenirs, sans plus. Si je démarre sur les histoires de régiment, ça sera pareil sans que j'aime ridiculiser les colonels en particulier. Tiens, écoute encore celle-là.

Ça se passait à Puka-Rua...

Impossible de continuer mon récit. Tout à coup sous nos pieds un grouillement indéfinissable. Je saisis la lampe tempête et l'abaisse vivement sous la table. Stupéfaction ! Dans le halo de lumière s'agite un essaim de bébés tortues.

Danièle tombe à genoux dans le sable pour tendre les mains. Les petites tortues y grimpent, se bousculent, dégringolent. Nous sommes bientôt tous deux par terre à saisir, lâcher, reprendre les petits visiteurs. Leur nombre grossit de seconde en seconde. On dirait la génération spontanée. Ils courent en tout sens, se télescopent, faisant mille cabrioles dans leurs efforts désordonnés. C'est gai, c'est neuf, c'est faste et attendrissant. Nous sommes jour de fête !

Sans le savoir nous avons reconstruit notre tente pile sur un nid de tortue. Ce soir, éclos tous en même temps, les bébés se précipitent dans nos yeux, dans nos cœurs, affolés et désorien-

tés par la lumière de notre lampe et par notre excès de sollicitude.
Nous décidons de les garder.

L'aventure du premier jour des jeunes tortues livrées à leur destin est atroce. Si elles naissent de jour, elles n'ont quasiment aucune chance d'atteindre la mer. Il se trouve toujours une frégate pour repérer les nouveau-nés qui se hâtent sur la plage. Hérissée d'obstacles, cette plage oblige les minuscules reptiles à réaliser un véritable parcours du combattant où chaque élan se termine par une chute, une culbute, un roulé-boulé. Cent fois les petites créatures se retrouvent sur le dos, cent fois elles perdent un temps précieux à ramer désespérément dans le vide avant de se rétablir et de reprendre leur course.

Alertés par le comportement de la première frégate, par son vol en piqué mortel, les autres oiseaux arrivent de toutes parts. Assassins impitoyables, ils fondent sur leurs proies. C'est la curée. Il n'y a généralement pas de survivant.

Si elles naissent de nuit, ce qui est la règle, les petites tortues n'ont pas gagné la partie pour autant. Sur la grève les bernard-l'ermite les happent au passage. Sur le platier, celles qui ont surmonté ce premier barrage devront affronter des centaines de murènes embusquées dans quelque faille. Si elles leur échappent encore, elles se heurteront probablement à l'un ou l'autre requineau ou mérou, plus vorace l'un que l'autre. Enfin, si elles atteignent la mer, elles se jetteront du même coup dans la gueule du loup. Car là, au bord du tombant, patrouillent les lutjans, les barracudas, les loches, les requins, tous les seigneurs de la mort.

Il y a quand même quelques survivantes et les Paumotu prétendent que la mère tortue les attend non loin du récif. Les petits se précipiteraient alors à sa rencontre pour se réfugier sur sa carapace.

J'avais relaté ces faits aux spécialistes du CNEXO [1]. On n'en avait jamais entendu parler et on n'y croyait guère. Je pense néan-

1. CNEXO : Centre national d'exploitation des océans.

moins que les Paumotu sont d'excellents observateurs de la nature, et ce genre de chose les intéresse. Je sais aussi que les Paumotu sont de sacrés farceurs. Il serait intéressant de pouvoir vérifier soi-même mais ce n'est guère réalisable ici, à moins de prendre des risques insensés.

Nous capturons cinquante-deux jeunes tortues que nous plaçons dans un bac rempli d'eau de mer. Demain nous poserons un grillage sur ce récipient afin de soustraire nos protégées de la convoitise des oiseaux et des crabes. Nous les nourrirons de bénitiers et de poissons hachés menu. Nous changerons l'eau tous les jours. Plus tard nous ferons même un bassin dans un endroit calme et peu profond du lagon, où de temps à autre les petites bêtes pourront prendre de l'exercice sous notre surveillance.

Notre ambition est de les conserver deux ou trois mois, le temps qu'elles se fortifient, qu'elles grandissent, qu'elles soient moins vulnérables. Nous les lâcherons alors directement en mer, un peu au large, sans leur imposer le massacre du platier et du tombant.

CHAPITRE XVIII

Reva et Veena, troisième et quatrième cyclones

12 avril 1983.

Réfugiés dans la minuscule salle de bains, les enfants priaient sans relâche. Leurs voix hésitantes s'arrêtaient, reprenaient, se fortifiaient l'une l'autre, hésitaient encore. Les enfants avaient très peur. Ils étaient terrorisés.

Le hurlement du vent, le craquement des arbres, l'impact des projectiles, tout annonçait l'imminence d'un danger encore plus grand. Et soudain la maison avait explosé.

Les portes, les fenêtres, le toit s'étaient volatilisés dans un formidable fracas. Recroquevillés au fond de la baignoire les enfants s'étaient crus perdus.

Lorsque enfin, après un temps infini, le cyclone s'était éloigné, grand-père était sorti. Il avait contemplé le toit arraché d'un seul bloc, avec tôles, poutres et points d'ancrage, qui gisait en un tas informe à plus de cent mètres de là. L'homme avait escaladé les arbres et les clôtures brisées qui barraient le passage. Il était allé voir sa maison, la sienne qu'il venait juste d'achever pour quitter enfin celle qu'il louait depuis des années.

Il était revenu. Il avait posé la tête sur les genoux de sa femme et il s'était effondré, pleurant à chaudes larmes, broyé par l'émotion, la fatigue et le désespoir.

Il y a tout juste un mois, un troisième cyclone — Reva — a

durement touché Bora-Bora, Huahine et la côte ouest de Tahiti. Puis il s'en est allé au sud-est, vers nous. À 160 km du centre du phénomène, nous avons subi des vents très violents et encaissé des vagues géantes. Pour la troisième fois nous avons plié bagage et trouvé refuge dans la cabane.

Veena, le quatrième cyclone, a été beaucoup plus meurtrier. Tahiti est ruiné. Plus de cinquante bateaux ont fait naufrage dans le port, sur les rives ou en mer. Sur la côte est, certains villages ont disparu. Il ne reste çà et là qu'une dalle en ciment pour attester d'un hameau évanoui. Il ne reste que les pans ébréchés d'une église décapitée. Il ne reste que des hommes et des femmes frappés de stupeur.

À Ahunui nous ne savons encore rien de ces événements. Pour la quatrième fois nous avons déménagé notre campement et nous attendons Veena, réfugiés au point culminant de l'atoll, ce minuscule sommet haut de trois mètres.

Nous savons que Tahiti est dans la tourmente, mais, préoccupés tellement plus par le raz de marée que par le cyclone, nous n'éprouvons à tort que peu d'inquiétude pour notre famille qui habite un endroit assez bien dégagé, loin de la côte, sur le plateau de Taravao.

Ce n'est que longtemps, longtemps après que saurons la vérité sur la terrible nuit.

Je reprends mon journal quelques jours avant.

7 avril 1983.

Dîner : soupe avec des restes de riz et de poule en conserve. Jeu de dames. Durant la nuit beaucoup de vent. Ça claque, ça fouette. La tente travaille énormément et le raguage sur la faîtière me préoccupe. Il faudrait fourrer la toile au portage. Le mauvais temps s'installe. Hier déjà, je parlais à Danièle de nouvelles dépressions loin dans le nord. Pourtant la météo de midi restait bonne. Curieux ?

8 avril 1983.

Ciel plombé. Vent d'est toujours aussi fort. Mer grosse.

À 7 h 30, contact avec Hao qui nous annonce une dépression.

Bulletin météo de 12 heures : dépression tropicale forte, située près de Takaroa, déplacement sud-ouest.

Nous y voilà. Ça fera trois cyclones et deux dépressions. Pour l'instant la tempête ne nous concerne pas. Nous sommes plein sud à 650 km, mais je sais que cette situation peut empirer rapidement et virer au sud-est vers nous. Marre, marre, MARRE.

Je passe la matinée à pêcher en prévision du coup de vent. Je ne veux pas me condamner aux boîtes de conserve pendant quatre ou cinq jours. C'est difficile. Au large, la mer cogne trop fort pour lancer une ligne. Celle-ci serait accrochée instantanément dans les aspérités du récif, nous en avons fait l'expérience. Au lagon cela ne vaut guère mieux. Orientés comme nous le sommes, nous prenons le vent sur toute la longueur de la lagune. Clapot serré, aigu, pas question de mettre une embarcation à l'eau. Seule l'anse nord qui prolonge le grand hoa paraît un peu abritée. C'est là que je dispose le filet, non sans peine. Le vent force sur les flotteurs et le clapot pousse sur les mailles. Prévu pour tracer une ligne droite et souple, le piège se développe au contraire en une volumineuse hernie, les fils raidis sur les massifs coralliens au risque de se rompre.

Je prends tout de même un requineau, trois mulets et quatre chirurgiens-bagnards : menu fretin, pas de quoi pavoiser.

Avec les entrailles des poissons, j'arrange alors une ligne à requin, mais l'heure a tourné et Danièle m'appelle. Elle a fait du pain, nourri les poulets et les tortues et à présent le déjeuner est prêt. Porté par le vent, le mugissement de la corne de brume parvient jusqu'à moi. Un son unique, tenu longtemps, qui selon notre code signifie « À table ! » et qui déjà me met en appétit.

D'habitude je reste à côté du filet afin de le débarrasser des poissons au fur et à mesure qu'ils maillent. Dans le cas contraire, les requins alléchés par les mouvements désespérés des captifs auraient tôt fait de le dévaster. Pourtant cette fois-ci je m'absente environ une heure.

Au retour, la visite de la ligne se résume en un hameçon disparu, arraché du câble par un coup de dent magistral. Dans les rets par contre, deux requins se débattent. Je tue le premier au couteau pendant que le second affolé s'enfuit en se taillant une large brèche.

Dépouiller, vider, découper le requin en tranches fines, laver les filets de viande à l'eau de mer pour leur faire rendre leur vilaine odeur d'urine, enfin ranger le matériel et ramender la nasse, du travail qui me tient en haleine jusqu'à la nuit. Mais cela en vaut la peine. La matelote de requin est une gourmandise dont nous ne nous lasserons jamais.

Ma compagne a du mérite. Accroupie sous les tôles dans les tourbillons de fumée, s'éclairant vaille que vaille à la lampe tempête, elle touille ses sauces, frit et poche le poisson afin qu'il se conserve deux ou trois jours. Sous ce ciel gris, les panneaux solaires ne fonctionnent pas et nos deux batteries sont insuffisantes pour alimenter le frigo plus de quarante-huit heures. Il faudrait le double de panneaux et le double de batteries.

20 heures nous retrouvent aux aguets de la météo. Les émissions se chevauchent, s'embrouillent. Selon son inclinaison, le poste crache de l'anglais, du français ou de l'espagnol, le tout sur la même fréquence. Impossible de capter Tahiti. Par contre nous apprenons qu'il pleut à verse sur la majeure partie de la France...

9 avril 1983.

J'occupe une bonne partie de la matinée à récupérer la mâchoire du requin. Ce n'est pas une petite affaire. La peau des squales est dure comme du cuir, râpeuse comme une toile émeri. Le couteau s'émousse vite. Par ailleurs les muqueuses de la bouche sont horriblement visqueuses, glissantes. Impossible d'assurer une prise. Enfin les dents, pointues et tranchantes comme des rasoirs, provoquent inexorablement quelques blessures.

11 avril 1983.

La dépression est devenue cyclone. Les atolls de Rangiroa et Tikehau, non encore remis des destructions du mois de février, sont à nouveau saccagés.

12 avril 1983.

Veena est sur Tahiti. Puis il descend au sud-est, dévaste Hereheretue et, quoique loin de nous, nous décoche des vents très violents et une mer grosse. Pour nous une sorte de routine...

16 avril 1983.

Nous avons déjà rétabli le campement. Nous rétablissons aussi un premier contact avec Paolo de Rangiroa. Il semblerait qu'une nouvelle dépression se forme sur les Marquises... Le découragement nous gagne.

23 avril 1983.

Deuxième contact avec Paolo. Mais cette fois Rémo est là aussi. Rémo Salvetti, le compagnon des deux premières expéditions, l'ami fidèle, dévoué, disponible, sans qui ces voyages n'auraient peut-être jamais été possibles. Il vient de Tahiti, il a des nouvelles. Les enfants ? Ils vont bien. La maison ? Elle a souffert mais on réparera.

Nous voilà rassurés. Hélas les détails viendront beaucoup plus tard.

CHAPITRE XIX

Une tortue est venue pondre

Agréable surprise au réveil. Une tortue est venue pondre à mi-chemin entre la mer et le campement.

Le ventre de l'animal a creusé une large gouttière dans les graviers de la plage et, de part et d'autre, les nageoires ont imprimé des reliefs très évocateurs d'un petit engin à chenilles. Je lis à présent très facilement ces empreintes. La largeur de la piste évoque une tortue de taille moyenne pesant environ 80 kilos. Latéralement les ornières dessinent dans le sable des V aux jambages très ouverts qui indiquent le sens de la marche. Les griffures très rapprochées témoignent d'une progression lente et pénible dans la montée. Plus haut, le gîte de ponte forme un vaste entonnoir où les grandes nageoires antérieures ont laissé un moulage un peu plus large que celles de l'arrière. Logiquement, les œufs pourraient se cacher là, à un demi-mètre de profondeur. En fait, ce nid facilement repérable n'est peut-être qu'un trompe-l'œil car d'autres se succèdent çà et là tout au long du chemin. La tortue a brouillé les pistes sur la ligne de vie trop visible qu'elle a laissée sur son passage.

Ce n'est pas le cas aujourd'hui, mais, parfois des taches de sang souillent le parcours du reptile depuis sa sortie sur le récif jusqu'à son retour à l'océan. Ces taches attestent des difficultés énormes que doit surmonter une bête épuisée ou trop lourde pour se hisser sur les crêtes acérées des coraux et algues calcaires. Nous avons vu de ces femelles aux nageoires et au plastron ventral stigmatisés par des blessures béantes qui signaient vraisemblablement leur arrêt de mort dès le retour à la mer, dès la rencontre du premier squale.

J'avoue que les œufs me tentent et j'entreprends de fouiller chaque nid, en commençant par celui qui paraît recouvert avec le plus de soin. Sur une plage de sable, il suffirait de sonder avec une flèche de fusil de pêche, mais ici la caillasse impose un travail fastidieux. Je mets bien deux heures à tomber juste. Cependant, je ne suis pas un pilleur. Après avoir prélevé six œufs, pas un de plus, je referme précautionneusement le trou.

— Je te réserve une surprise pour ce soir, déclare Danièle en s'éloignant avec le butin.

Je me demande bien ce qu'elle pourrait faire d'autre qu'une omelette ou des œufs au plat, mais, si je ne veux pas être en reste, il me faut chasser ou pêcher. Le poisson pris il y a deux jours pue car il n'y a pas assez de soleil pour faire fonctionner le réfrigérateur.

À l'instant deux courlis[1] nous survolent en poussant leur appel si particulier : « Kiwi-kiwi. » En Polynésie on les appelle tout naturellement des *kiwis*, à l'instar des oiseaux du même nom, originaires de Nouvelle-Zélande, qui sont cependant très différents.

Les courlis effectuent des vols fantastiques qui les conduisent annuellement de Polynésie en Alaska. Par contre, sur l'atoll, ils s'élancent rarement à plus de trois ou quatre cents mètres. Les miens ne tardent pas à se poser. Je vais décrocher mon fusil.

L'approche du gibier ne peut s'effectuer qu'à terrain découvert. Les oiseaux se trouvent près du platier et à au moins cent mètres du premier arbre. Il faut s'approcher d'eux sans hésitation, puis ralentir le pas et faire semblant de s'intéresser à autre chose. Ne pas les regarder sans pourtant les perdre de vue.

L'un des kiwis s'affaire à extraire un bernard-l'ermite de sa

1. Courlis d'Alaska : *Numenius tahitiensis.*

redoute. Le long bec recourbé fouille dans la coquille, la soulève et la frappe avec force sur le corail. Le deuxième courlis me regarde approcher, ou plutôt il jette des regards inquiets, tour à tour sur moi et sur son compagnon. Ce dernier aura-t-il le temps d'achever son travail avant que je sois trop près ? L'oiseau s'agite et esquisse quelques pas le cou tendu, s'arrête, pendant que l'autre accélère la cadence de frappe. Ce serait dommage de perdre une si belle aubaine : un bernard presque réduit à merci dans sa coquille déjà ébréchée.

Encore deux ou trois pas et je serai à portée de tir. Les courlis se baissent pour prendre leur élan face au vent, au ciel et à la vie. Déjà le canon pointe sur le plus proche, glisse sur sa tête, l'accompagne un moment, dépasse son bec. L'instant d'après, l'oiseau s'écroule dans le fracas de l'explosion et, moi, j'ai mal comme chaque fois que je tue un oiseau. Je retrouve le malaise que je connais bien, la nausée d'avoir brisé la vie dans son envol vers le soleil.

Et pourtant je recommence.

Un bécasseau[1], un pluvier doré[2] et même une aigrette[3] s'ajoutent à mon carnier.

— Alors, ta surprise ?

Danièle ne répond pas mais ses yeux disent assez que c'est pour bientôt.

Embrochés au-dessus d'un lit de braise, mes oiseaux grésillent un air de fête. Les innombrables cénobites ne s'y trompent pas et affluent de tous côtés. La petite chienne non plus n'hésite guère : là je suis, là je reste.

1. Bécasseau d'Alaska ou chevalier voyageur : *Heteroscelus incanus.*

2. Pluvier doré : *Pluvialis dominica.*

3. Aigrette sacrée : *Demiegretta sacra* (peut avoir un plumage blanc ou gris, seule l'aigrette au plumage blanc est considérée comme sacrée dans les Tuamotu. La nôtre était grise).

En réalité nous mangeons rarement des oiseaux, moins d'une fois par mois, mais chaque repas prend une importance tout à fait spéciale et ce soir encore nous sommes pleinement d'accord, heureux et gourmands.

— Ce que je préfère, c'est le kiwi. On dirait du filet de bœuf.

C'est l'avis de Danièle, moi j'incline pour le pluvier doré, onctueux et tendre comme un ortolan de Guadeloupe. Malheureusement cet oiseau est tout petit, tout juste une délicatesse, une curiosité. Il est aussi fort rare...

L'aigrette sacrée ressemble à du rosbif tant par la couleur de sa viande que par son goût. Elle peut constituer un repas mais sous deux réserves : laisser reposer l'oiseau au moins deux jours, ensuite le dépouiller de sa peau bleutée effroyablement coriace. Quelle peau ! On croirait mâcher un morceau de pneu trempé dans la vase !

— Je ne trouve pas que ces oiseaux aient un goût de poisson comme on le dit d'habitude.

— Ceux qui le prétendent sont aussi ceux qui comptent sept vagues. Bien sûr que non ! Les poules ont-elles goût de ver de terre ? Au fait la surprise ?

— Voilà, monsieur !

Devant moi, Danièle vient de déposer fièrement un kouglof aux œufs de tortue.

CHAPITRE XX

William, le cinquième cyclone

Bulletin météo du 19 avril 1983 - 20 heures.

« Le cyclone William a considérablement augmenté d'intensité. Il se situe à 17°2 S. et 140° W. Pression 965 millibars. Vents de 150 km/h. Mer énorme. Houle cyclonique avec vagues de dix mètres que renforce la houle S.E. préexistante. Raz de marée sur les côtes est des atolls concernés. Déplacement 6 à 8 nœuds. Le cyclone amorce une boucle qui oscillera entre S.-S.W. et S.-S.E. Atolls directement menacés : Amanu, Hao, Aki-Aki, Ahunui, Vairatea. »

Nous sommes à nouveau sur la trajectoire, à une douzaine d'heures à peine du vent maximum et nous serons sans doute dans l'œil du cyclone dans dix-huit ou vingt-trois heures. C'est maintenant le cinquième cyclone !

Nos vies ne sont pas en danger. Des vents de 150 km/h, des vagues de dix mètres ! Nous avons l'expérience. Le cyclone Nano soufflait à 200 km/h avec des vagues de quinze mètres. Enfin les alentours de la cabane sont totalement déboisés. Logiquement nous ne craignons rien de très grave.

Une fois de plus nous nous sommes repliés dans la cabane. Nous avons hissé les canots, couché l'antenne radio. Seule l'armature du campement reste en place.

À l'orée de la cocoteraie, à trois mètres de haut et à cent mètres de distance du récif, la structure reste menacée par le raz de marée. Il serait sage de tout démonter pour reconstruire après.

Mais le temps manque et le cœur aussi. Lassitude, découragement, sentiment de l'inutilité de nos efforts, nous nous demandons à quoi bon lutter. Qu'il vienne, ce cyclone, et aille au diable. Nous en avons marre, marre, MARRE !

La tempête, les rafales, le hurlement du vent, l'explosion ininterrompue des vagues montant à l'assaut de notre minuscule caillou ! Encore une fois les noix, les palmes, les branches volent comme boulets de canon. Les arbres craquent et se couchent. La mer et le corail fondus en un monstrueux amalgame pilonnent et saccagent notre malheureux atoll.

Les heures s'étirent interminablement puis l'ouragan s'apaise et s'éloigne. Sommes-nous dans l'œil ? Non, le trajet a dévié un peu vers l'est. C'est fini.

Le constat est amer : le campement, construit avec tant de soins est volatilisé ; les arbrisseaux plantés après Nano, qui avaient survécu aux deux, trois et quatrième cylones sont évanouis ; les pistes tracées jusqu'au sang sont coupées net par un mur de blocs de corail et de branches, à peine trente ou quarante mètres plus bas que la première fois. Partout des oiseaux morts ou blessés.

Cette fois encore nous nous attablons autour de boîtes de conserve, le cœur à la dérive. À plus tard la décision de rester ou non définitivement dans notre cabane, ce repaire de rats et de mouches, ou de tenter une reconstruction sans bois ni outillage suffisants. Malgré la fatigue et la désillusion. À plus tard la réinstallation de l'antenne et l'émission du message : « Tout va bien. » À plus tard tout.

Quelle erreur ! En vérifiant cinq jours après je trouve dans la citerne un rat décomposé qui flotte !

D'un seul coup, notre eau, notre seule richesse, elle aussi, est anéantie. Nous n'avons plus rien pour la désinfecter et la bouillir ne me paraît pas totalement sûr. Nous n'avons plus une seule noix de coco, le cyclone a tout balayé. Nous ne pouvons espérer la pluie : dans un ciel pur et bleu à l'infini, brille un soleil de plomb.

Debout, immobile, Danièle se tait.

Puis elle s'assied et pleure.

Sans eau, c'est terminé. J'ai honte de ma négligence, honte de mon échec, honte d'avoir entraîné Danièle dans cette stupide aventure. Soudain j'ai honte de tout. J'ai envie de briser la citerne. J'ai envie de fuir, de saisir ma compagne et de l'entraîner loin de cette île à catastrophes, loin de cet enfer. J'ai moi aussi presque envie de sangloter... Tout de même, si la situation est difficile, elle ne paraît pas sans solution.

— Ce n'est peut-être pas si grave que tu crois, Dany. Je pense que nous nous en sortirons, j'ai des idées.

— Toi et tes idées...

— Aie confiance. Il y a trois bidons dans l'atelier depuis le débarquement. Tu les avais oubliés ? Nous mettrons aussi deux cents litres d'eau dans le drum qui reste et, s'il le faut, nous la ferons bouillir dans la cocotte minute, au fur et à mesure. Enfin, pour la toilette, nous pourrons conserver l'eau telle quelle.

— Et cette eau de toilette comme tu dis, dans quoi la conserver ?

— Dans les bacs.

— Il y a les tortues !

— Eh bien c'est le moment de les lâcher.

— Et après ?

— Après, nous allons vidanger et nettoyer la citerne pour la première pluie.

— Et s'il ne pleut pas ?

— Nous verrons à ce moment-là.

L'adieu des bébés tortues est extrêmement émouvant. Nous nous étions attachés à elles. Nous aimions les observer lorsqu'elles se jetaient sur les minuscules morceaux de poisson que nous leur offrions. Nous riions lorsqu'elles se chamaillaient sur un bénitier, allant jusqu'à se mordre les petites nageoires pour accéder au festin. À chaque fois que nous changions leur eau, nous les prenions à pleines mains, savourant le bref moment où elles se débattaient, prenant plaisir à les voir ensuite plonger et ramer de toutes leurs forces jusqu'à l'autre bout du bassin. Nous suivions avec attention leur croissance et nous commentions longuement leurs moindres faits et gestes.

Aujourd'hui, a sonné l'heure de la séparation. L'une après l'autre les petites têtes disparaissent dans l'océan où les appelle leur destin. Beaucoup ne survivront pas. Peut-être même qu'aucune ne sera encore en vie ce soir ?

— Tu sais, Paul, j'ai l'impression de perdre des gosses...

— Oui, je sais. Moi aussi.

— Elles paraissent si menues, si fragiles dans cette mer immense pleine de danger.

— Nous ne pouvions rien de plus.

Nous restons là longtemps, à regarder les vagues, les oiseaux, la ligne d'horizon et encore les vagues. La dernière petite tortue a disparu depuis près d'une heure quand enfin nous décidons de rentrer. Toute la soirée, nous n'évoquerons qu'elles. Le problème de l'eau glisse déjà au second plan.

Puis les semaines passent et la réserve s'épuise, malgré le rationnement.

— D'ici trois ou quatre jours il faudra boire l'eau du drum. Si elle est polluée, les germes se seront multipliés dans cette chaleur. À quelle température peut-on faire bouillir l'eau dans une cocotte minute ?

— Environ 110°, je suppose.

— Je n'ai pas confiance. Alors ?

— Nous allons essayer de dessaler un peu d'eau de mer.

— Avec quoi ?

— Tu verras, ce n'est pas aussi compliqué qu'on l'imagine. Nous allons fabriquer une serre dans laquelle l'eau de mer en s'évaporant se condensera sur les parois. Il suffira de recueillir l'eau douce goutte à goutte.

— Tu l'as déjà fait ?

— C'est le principe d'un couvercle de casserole...
— Tu l'as déjà fait ?
— Non. Mais nous allons le faire et tout de suite.

Sur la plage nous disposons deux bacs à moitié pleins d'eau de mer. Au centre de chacun d'eux, un récipient vide fait d'une bouée coupée en deux. En couverture, une bâche en plastique fermant hermétiquement. Et, pour donner une pente, un caillou posé au milieu de chaque bâche.

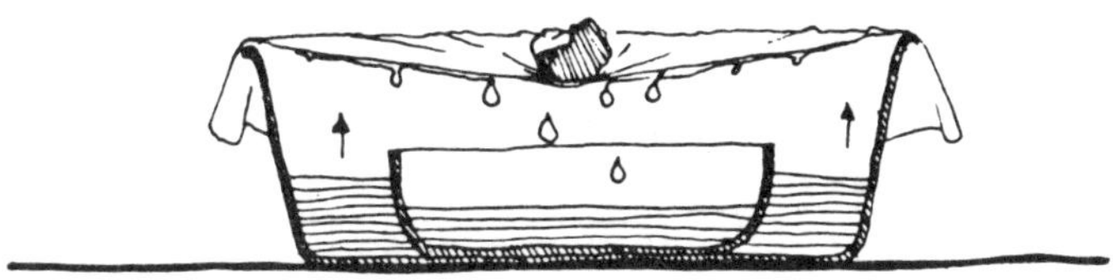

Fabrication d'eau douce

Le résultat dépasse toute espérance. En deux ou trois jours, les bouées débordent. C'est gagné !

CHAPITRE XXI

Un navire non identifié

23 mai 1983.

Danièle est inquiète.

— C'est un bateau de pêche ?

— Je ne sais pas. Il est trop loin.

Nous sommes en haut de la cocoteraie, sous le couvert des arbres, à scruter l'horizon. Là-bas au large, un navire, et un navire c'est l'inconnu.

Qui sont les hommes qui s'approchent ? Que veulent-ils ? Que feront-ils quand ils verront que nous ne sommes que deux ?

Si j'étais seul, je serais plus tranquille, mais avec Danièle, je dois redoubler de vigilance. Je connais trop de drames pour ne pas redouter un débarquement d'hommes surgis de nulle part.

Dans les années 60, un bateau de pêche asiatique avait fait une razzia dans un village paumotu dont les hommes étaient au *rahui*, c'est-à-dire à travailler au coprah à des kilomètres de là. Alertée, l'armée avait dépêché un hélicoptère avec un commando de légionnaires. Trop tard. À l'arrivée de la rescousse, le bateau avait disparu.

Vers 1970, des Formosans avaient fait naufrage et seuls trois rescapés avaient rejoint l'atoll le plus proche sur une embarcation de fortune. Rapatriés à Taiwan, on croyait l'affaire classée, jusqu'au jour où les journaux avaient fait état du procès des trois pêcheurs, suivi de leur condamnation : une balle dans la nuque pour chacun d'eux. Motif : mutinerie, assassinat de l'équipage, destruction du bateau et tentative de déguisement de cette tragédie en naufrage.

À Papeete, à la clinique Cardella où j'avais exercé durant une douzaine d'années, j'avais fréquemment eu affaire à des marins coréens, chinois ou japonais, blessés par coups de couteau ou autre. Il faut savoir que nombre de ces marins purgent en mer des peines qui en France les auraient conduits à moisir dans une prison.

Lors de mon premier voyage sur Ahunui en 1975, un thonier chinois avait débarqué huit hommes. J'avais alors revêtu l'uniforme qui datait dc mon service militaire et chassé les indésirables avant qu'ils se rendent compte que nous n'étions que trois hommes et quatre femmes.

Aujourd'hui encore j'ai opté pour la dissuasion. De la tête aux pieds, j'ai réendossé l'étoffe kaki avec galons et insignes réglementaires.

Derrière moi, le campement entièrement tendu de bâches kaki et surmonté d'un drapeau tricolore devrait parachever l'illusion. Si besoin était, sous la tente se trouve une arme chargée et, dans la cabane, une autre chargée également.

Danièle connaît la consigne. Disparaître et ne pas se montrer. Quant à moi je serai intraitable, je ne laisserai pas un étranger fouler la terre ferme. C'est fragile, la solitude. Cela peut aussi être dangereux.

Le bâtiment s'approche toujours, au droit du point de débarquement.

— Ce n'est pas un bateau de pêche. On dirait un cargo ou quelque chose dans le genre.

— Si on prévenait par radio ? suggère Danièle.

— Prévenir qui pour dire quoi ? Je ne vais pas m'enfermer dans la cabane pour appeler dans le vide pendant deux heures sans même savoir quel est ce bateau et ce qu'il fait ici.

À présent on distingue assez bien le nouveau venu. Il s'agit d'un petit bâtiment de débarquement, c'est-à-dire un bateau dont l'avant rabattable permet de débarquer des engins roulants directement sur une plage... ou sur un platier, par beau temps, ce qui est le cas. Sa couleur rouge me rappelle les navires du service des travaux publics de Tahiti.

À n'en pas douter nous avons la visite d'un bateau administratif. Nous sortons de nos cachettes, descendons sur la plage afin de guider les hommes dans leur manœuvre de franchissement du récif.

Et nous attendons.

Le bâtiment a stoppé à environ deux cents mètres du rivage. Il nous fait face. Dans les jumelles, j'aperçois très bien les matelots appuyés à la lisse et, sur la passerelle, deux hommes qui, eux aussi, nous observent aux jumelles.

Dix minutes passent, aucune animation à bord ne laisse envisager la mise à l'eau d'une embarcation. Le navire garde son étrave pointée vers nous de sorte que je ne peux voir aucune inscription.

Vingt minutes passent. C'est long, trop long, je me demande ce qui peut bien motiver cette immobilité. Tout à l'heure le bateau venait sur nous à bonne vitesse, maintenant plus rien.

Nous agitons les bras en signe de bienvenue. Pas de réponse. Ou plutôt si, le petit cargo fait mouvement, il vire de bord et fait route parallèlement à la côte. Je distingue toujours les hommes de la passerelle cramponnés à leurs jumelles. Enfin, à la hauteur du campement, le bateau vire de bord une nouvelle fois, et met le cap au large.

Sur ses flancs, sur son arrière, pas de nom, pas de numéro, rien, pas l'ombre d'une identification. Sans doute aura-t-on fait des travaux de peinture, en mer. Le calme plat depuis cinq ou six jours l'aurait permis. Je ne m'inquiète pas de ce détail. Mais pourquoi se sauve-t-il ?

Je crois savoir : il s'agit bien d'un bateau des travaux publics, le plus petit des « Méhério » sans doute. Mais il n'est pas là où il devrait être. Le capitaine aura devié de sa route pour faire un peu de pêche le long d'un atoll inhabité, pour marauder quelques langoustes et deux ou trois sacs de bigorneaux, peut-être même pour faire un tour à terre histoire de cueillir quelques cocos verts et de se dégourdir les jambes. Se voyant découvert il ne tient pas à risquer de devoir fournir des explications, ni à moi ni au chef des travaux publics.

J'explique tout cela à Danièle qui approuve. Nous aimerions pourtant bien recevoir ces visiteurs de Tahiti, partager des nouvelles, un repas et confier une lettre, sans trahir ce pauvre capitaine.

Nous allumons un grand feu à la lisière de la cocoteraie, là où les palmes sèches jonchent le sol sur plusieurs épaisseurs. Le brasier doit se voir à des milles. Nous y jetons des seaux d'eau de mer. D'énormes volutes de fumée s'élèvent confirmant et soulignant notre appel.

Le navire s'éloigne. Il s'en va, de plus en plus vite. Il disparaît au large.

De longs mois après cet épisode, de retour à Tahiti, je ferai toutes les recherches possibles pour identifier ce bateau. À la capitainerie du port, aux travaux publics, à l'armée, à l'administration des Tuamotu. La réponse est univoque : ce navire n'existe pas.

Ahunui est à cent trente milles de Mururoa où la France effectue ses expérimentations nucléaires et les bateaux espions ne sont pas que des légendes. Que se serait-il passé si les hommes avaient débarqué ? N'aurions-nous pas été des témoins gênants ? Encore aujourd'hui j'en ai froid dans le dos.

CHAPITRE XXII

Le requin-citron

Je ne consulte plus du tout le calendrier. Je ne veux plus savoir quelle date nous sommes. Exception faite du bateau inconnu, il y a maintenant plus de six mois que nous n'avons vu personne.

Jour et nuit, je pense à nos enfants et parents. Ils avancent en âge, il faudrait que je sois auprès d'eux. Sauf la « nécessité » d'achever le film que nous avons entrepris, je me mettrais en quête d'un bateau. Je souhaiterais, non pas quitter Ahunui, mais rejoindre les miens. Je souhaiterais briser les distances.

Ce film, il me le faut pourtant. Je n'ai plus de cabinet de consultation, je n'ai plus de nacres, je n'ai plus d'infrastructure et je n'ai plus les moyens financiers de redémarrer. Mon seul espoir réside dans ce film.

Tous les jours nous dressons un important programme de tournage et puis les nécessités alimentaires, l'entretien et le rafistolage de l'outillage restant, la chaleur écrasante ou les mauvaises conditions atmosphériques, tout se ligue pour contrarier nos projets.

Je n'ai jamais réussi à trouver de solution aux défaillances des posemètres. Je n'ai guère confiance dans la conservation des films entièrement soumis au bon fonctionnement du réfrigérateur solaire, c'est-à-dire aux caprices du temps. La chaleur et l'humidité doivent faire des ravages sur la pellicule, surtout celle déjà impressionnée.

Les prises de vue nocturnes nécessitent la lumière de la lampe

27

27. Mon seul espoir réside dans le film. — 28. Séchage des poulpes au bord du lagon

28

29

29. Certains poissons peuvent tuer en quelques minutes lorsqu'on les mange : *Arothron stellatus* vénéneux. — **30.** D'autres infligent des blessures empoisonnées : *Ptérois antennata* venimeux

30

à pression ainsi que de la torche rechargeable. Mais la Petromax cafouille et s'éteint dès que nous avons besoin d'elle. Les batteries de la torche tiennent à peine une ou deux minutes, et le groupe électrogène pour les recharger est quasiment hors d'usage. La moyenne s'établit à deux jours de préparatifs et de réparations pour environ une minute de tournage. Que restera-t-il plus tard au montage ? Nous filmons la mort dans l'âme, persuadés à l'avance du mauvais résultat, mais nous filmons quand même [1].

Par ailleurs, Danièle souffre fréquemment de conjonctivite et moi je cultive des placards pustuleux depuis des mois. Si mon orteil fracturé a guéri, il n'en va pas de même avec mon tympan. La perforation s'est reproduite quatre fois.

Je ne devrais plus plonger, plus chasser sous l'eau, plus retrouver l'ivresse et l'aventure de mon sport favori. J'ai tenté les boules de cire puis le serre-tête découpé dans une chambre à air, mais rien ne réussit. Ou l'étanchéité est insuffisante, ou le ruban de caoutchouc fait étau.

Lassitude et découragement nous guettent. Je regarde souvent les oiseaux sans les voir, du moins sans les observer. J'hésite à poser le filet, découragé par la perspective du ramendage. Je tire en longueur l'inspection de la citerne, le changement des filtres. Je diffère nos longues courses sur la plage sous prétexte de l'usure des chaussures.

Danièle refuse souvent le soir de m'accompagner à la radio et je n'y vais qu'une fois par semaine. Elle se moque des informations, seule la météo par mauvais temps retient encore son intérêt. Elle abandonne le ravaudage puisque aussi bien nous allons nus la plupart du temps. Ayant épuisé le sucre, le café, la farine, les fruits en boîte, elle tergiverse devant le foyer. Sans

1. Résultat : un film 16 mm de 52 minutes, d'une qualité dépassant toutes mes espérances. Le titre : *Une île, un homme, une femme.*

plus rien à lire, elle apprend par cœur le petit dictionnaire trouvé sur le *Yin-Yang.*

Une fois de plus le moral est à marée basse mais cette fois la marée s'étale. Je sens qu'il faut réagir, avoir un autre motif que la nécessité de déménager sous la menace d'un cyclone. Où trouver cet aiguillon sinon dans la mer qui nous cerne de partout ?

— Nous allons pêcher du requin, du tout gros.

— Tu me fais peur. Pourquoi augmenter les risques de notre présence ici ?

— Les risques seront pour eux.

— Non, Paul, non. Je sais les dangers de cette pêche. Il faudra sortir au large, disposer un appareillage et revenir en hissant un monstre sur le récif.

— Tu parles comme si nous l'avions déjà attrapé.

— Je te connais. Mais je vois le travail et les difficultés. Est-ce bien nécessaire ?

— Nous aurons de la viande, de l'huile, du cuir, des mâchoires.

— Ce sont surtout les mâchoires qui t'excitent.

— Oui, j'avoue. Nous sommes là à charrier des colis, à reconstruire d'un cyclone à l'autre et à nous laisser aller tout doucement. Je veux une mâchoire, une horrible mâchoire.

— Tu te débrouilleras sans moi.

— Alors toi aussi tu te débrouilleras sans moi pour la tambouille et le reste.

— On mangera des boîtes.

— Et dans huit jours nous n'aurons plus rien.

— Alors nous partirons.

— Comme ça ! Il suffira de siffler en l'air pour qu'on vienne nous chercher. Sais-tu bien où nous sommes ? À mille kilomètres du premier bateau possible. Une distance plus grande que la largeur de la Méditerranée. Et aucun bateau n'a envie de venir perdre son temps jusqu'ici. Tu es condamnée à rester, avec ou sans moi, tu es prisonnière sur l'atoll. Tu comprends ça ? Si j'ai envie de pêcher du tout gros, c'est que j'estime que c'est nécessaire. Nous sommes en train de devenir des bœufs. Nous ne faisons rien, rien de bon en tout cas.

— Nous faisons un film, c'est bien assez.

— Au rythme où ça va, il faudra dix ans pour ce film.

— C'est de ma faute peut-être ?

— Danièle, je t'en prie, nous partons sur une mauvaise pente. Nous ne nous sommes jamais disputés, ne commençons pas.

— Il n'en tient qu'à toi.

— Bon, je mets les pouces mais nous pêcherons du tout gros.

Nous possédons quelques mètres de câble galvanisé et quelques lourds anneaux en fonte que nous avions récupérés dans les dépotoirs militaires de Hao. Nous avons aussi un peu d'excédent de barres de fer et autres épaves abandonnées par l'armée à l'époque où elle avait balisé le lagon pour des avions amphibies. Enfin, dans nos bagages, trois ou quatre énormes hameçons, capables de supporter des charges colossales. Nous pourrons installer une ligne pour capturer du tout gros.

L'état de la mer ne permettant pas de sortir, j'opte pour un essai préliminaire dans le lagon. J'ai un vieux compte à régler avec un certain requin arava.

Tout d'abord le corps-mort : un disque de ferraille surmonté d'un anneau et pesant environ 80 kilos. Là-dessus je frappe un câble d'acier galvanisé gros comme le petit doigt, destiné à absorber le raguage au sol. Ce filin se prolonge par une cordelette en nylon de douze millimètres d'épaisseur qui rejoint une bouée de 30 kilos de sustentation. Celle-ci supporte un deuxième câble galvanisé qui, par l'intermédiaire d'un fort émerillon, se termine par un hameçon géant sur lequel un petit requin d'environ 15 à 20 kilos fait office d'appât.

J'ai décapité ce requineau car je sais que sa tête risque de rebuter les grands fauves et j'ai pratiqué de larges entailles dans son corps et dans son foie. Ainsi pourra se répandre une longue et attractive nappe d'huile qui ne manquera pas d'exciter quelque convoitise.

Il est 11 h 30, tout est en place, nous allons déjeuner.

Retour à 14 heures. La bouée a disparu. L'inspection des lieux ne laisse aucun doute : il ne subsiste que le corps-mort et le premier filin d'acier sur lequel pend un petit bout de cordage effiloché. Avec l'emploi du nylon j'ai commis une erreur. J'aurais dû ne prendre que du câble. À présent il va falloir retrouver ce requin, à tout le moins notre précieux matériel. Inutile pourtant de nous lancer dès à présent à la poursuite du fuyard. L'affaire se solderait par un échec. Le poisson doit conserver toute sa puissance, mieux vaut qu'il s'épuise et meure durant la nuit.

Le lendemain dès l'aube nous nous mettons en chasse. Le petit voilier est gréé de la seule grand-voile, la brise étant assez fraîche.

Je souhaite d'abord explorer la côte sous le vent, imaginant la bouée poussée là-bas, si toutefois le requin est mort. Mais l'inspection aux jumelles nous fait voir un objet clair, loin au vent. Allons-y, il sera facile de se laisser porter ensuite sur la côte ouest. Le choix est mauvais. Dans le feu de l'action nous voulons remonter toujours plus au vent. Nous décidons même une halte dans le fameux hoa si riche en poissons et je brise mon couteau de plongée en voulant dégager un bénitier.

D'habitude nous utilisons un vieux tournevis pour ferrailler dans les coquillages, mais aujourd'hui c'est de l'improvisation. Le cœur gros, je remets le couteau dans sa gaine au mollet, la lame amputée d'un tiers. Il faudra meuler une nouvelle pointe puis trouver une astuce pour fixer le poignard qui ne tient plus très bien dans l'étui. Encore du bricolage en perspective. Un travail de plus sur le carnet de commandes !

Nous remettons à la voile. Vers 14 heures enfin, nous découvrons la bouée, flottant près du rivage, là où nous aurions dû nous diriger dès le départ. Nous accostons.

Pour tout équipement je dispose d'un masque de plongée, de

sandalettes en plastique, d'un couteau ébréché. Toujours l'improvisation, mais l'excitation l'emporte.

J'avance prudemment dans l'eau, surveillant la bouée, scrutant sous la surface tous les trois ou quatre pas. Le lagon trouble, comme chaque fois que le vent soulève un fort clapot, n'offre guère de visibilité. Il faut avancer encore, l'eau jusqu'à la taille, jusqu'à la poitrine, jusqu'à la nuque. Il faut nager et les sandalettes ne facilitent pas la chose. Tout doucement j'avance vers la bouée ne trouvant toujours rien.

Tout à coup je le vois... et j'ai la désagréable impression qu'il me voit lui aussi, qu'il m'observe d'un œil froid, haineux. Il s'agit d'un arava de trois mètres, un requin-citron, le plus redoutable des requins de récif. Jamais je n'imaginais une telle pièce dans un lagon fermé. Nous sommes face à face, immobiles, lui couché sur le fond, animé seulement d'un mouvement d'ouverture-fermeture de la gueule et moi flottant dans deux mètres d'eau. J'hésite à attribuer l'action de sa mâchoire à sa respiration ou à la bouée qui fait traction sur l'hameçon au rythme du clapot.

Une ou deux minutes s'égrènent et rien ne se passe. Le requin semble mort. Je m'approche, lentement, jusqu'à saisir la bouée qui flotte à cinq ou six mètres du squale, pour la tirer doucement à moi. Soudain la queue se détend, péniblement l'arava se redresse, il vient sur moi, son immense gueule grande ouverte. Je nage, je crawle, je fuis épouvanté et les sandalettes me clouent comme des ventouses. Je nage, cours, maladroit, de l'eau jusqu'aux épaules, jusqu'au ventre, jusqu'aux hanches, avec la conscience aiguë d'une formidable mâchoire prête à claquer sur mes jambes d'un instant à l'autre. Enfin de l'eau jusqu'aux genoux, j'accélère encore, je me rue sur la berge où Danièle m'attend, à la fois inquiète et rassurée par la bouée qui n'a guère changé de place. Dans ma poitrine c'est la chamade.

Je n'ai pourtant pas rêvé ! Alors, la bouée ? Avec les vagues courtes et hachées, impossible de se faire une opinion valable. Vingt minutes passent. Je veux y retourner. Si l'animal a bougé, je devrais le voir sans m'aventurer bien loin. De toute façon je n'irai pas au-delà d'un mètre de profondeur.

— Tu es fou.

— Je l'aurai, je t'assure que je l'aurai.

À peine accroupi dans l'eau, je le vois. Mon adversaire a bien essayé de m'atteindre. Il est à l'agonie mais encore vivant, il reste terriblement dangereux.

De retour sur la plage j'hésite. Le laisser mourir et revenir demain... mais s'il se détachait entre-temps ? Nous aurions un animal enragé dans le lagon. M'approcher encore ? Non, merci ! Peut-être qu'en bateau nous pourrions fixer un nœud coulant autour du flotteur ?

Nous nous affairons autour du petit voilier lorsque la bouée se met en route. Elle longe le tombant, parallèlement à la plage, avec lenteur et majesté. Peu à peu elle s'éloigne. C'est impressionnant.

— Danièle, j'ai de l'admiration pour ce requin.

— Et moi je crois que tu as eu beaucoup de chance.

— Depuis vingt-quatre heures qu'il lutte contre cette bouée. Contre un point fixe il aurait tout arraché, tout cassé. Contre une bouée il ne peut rien.

— Crois-tu qu'il a essayé de la mordre ?

— Un arava est suffisamment intelligent pour ça. Mais elle est plus grosse que sa gueule. Il ne peut rien, il finira par se noyer.

— Tu penses qu'un autre requin n'aurait pas agi de cette façon ?

— Je ne le crois pas. L'arava est connu pour s'acharner contre son agresseur. Un autre requin se serait laissé mourir depuis longtemps, sauf sans doute un requin tigre.

— Crois-tu qu'il a compris que tu étais responsable de sa capture ?

— Oui, dès que j'ai tiré sur la bouée, il a établi la relation. La preuve : sa tentative d'attaque. Nous allons le suivre.

Dans l'état de faiblesse où se trouve la bête, il me paraît impossible qu'elle tente de remorquer la bouée contre le vent et le clapot. D'ailleurs le grand hoa ne se trouve pas très loin et logiquement elle devrait se diriger là-bas. Mais, pour y parvenir, il lui faudra franchir un haut-fond sablonneux où j'ai toutes mes chances. Inutile de prendre le bateau, par contre la cordelette du mouillage pourrait se révéler indispensable. Je m'en empare et nous voilà à courir sur la plage à la poursuite du captif.

Le flotteur a pris de l'assurance. Il trace un sillage qui prouve que l'animal s'est ressaisi, qui prouve aussi que je l'ai échappé belle tout à l'heure. Plusieurs centaines de mètres puis, devant nous, la couleur du lagon change. Nous arrivons à la langue de sable. Bientôt la bouée s'immobilise. Elle se balance, là, sur un mètre d'eau, à une trentaine de mètres de la rive.

Une fois de plus je m'avance à la rencontre du requin. Autour de mon poignet gauche, j'ai fixé le cordage par un nœud coulant. Danièle se cramponne sur l'autre extrémité et me suit d'aussi loin que le permet la longueur du filin. Ainsi encordés elle pourra m'aider, au besoin à courir plus vite, car elle sera dans très peu d'eau.

J'avance le plus doucement possible sans faire le moindre geste inutile ni le moindre bruit. L'eau affleure à ma poitrine, quand enfin je vois l'arava. Il est couché sur le fond, épuisé, et surtout il me tourne le dos, il ne me voit pas. J'avance encore. Un bout de nylon déchiré s'accroche à la bouée. Si j'arrive à m'en saisir, je serai à cinq ou six mètres du fauve. C'est peu et c'est beaucoup. Avec infiniment de précaution, sans effectuer la moindre traction, sans donner l'éveil, je finis par amarrer mon aussière sur ce bout. Puis je pars à reculons, les yeux toujours vissés sur ma proie.

Il ne nous reste plus qu'à tirer tout doucement. Peu à peu le câble se tend. Nous voyons la bouée se rapprocher de la plage et bientôt la masse apparaît. Le requin se laisse faire. Il ne pèse rien tant qu'il se trouve dans suffisamment d'eau, où son foie énorme fait office de flotteur. Nous halons toujours. Peu à peu les nageoires crèvent la surface, le ventre racle le fond. Il faut tirer plus fort. Soudain le requin a compris. Avec l'énergie du désespoir il envoie de formidables coups de queue, il se contorsionne, claque des mâchoires. Nous tirons de toutes nos forces. C'est presque gagné lorsque l'hameçon s'arrache en déchirant la lèvre de l'énorme poisson. Il est tellement surpris, tellement à bout qu'il s'immobilise. Il n'y a pas une seconde à perdre. À toute vitesse je saisis le nœud coulant, je fonce et j'amarre la queue du requin que nous tirons, halons, le plus haut possible.

Mais il pèse terriblement. Impossible de bouger cette masse de près de 300 kilos dès lors que le niveau d'eau ne suffit plus. Nous ne pouvons cependant laisser l'arava ainsi. Un changement de vent, une renverse de clapot, et il pourrait fuir. Nous n'oserions plus tremper un doigt dans le lagon.

Dans ma fuite tout à l'heure j'ai perdu mon couteau. Restent les pierres ou plutôt les blocs de corail. Je choisis le plus lourd que je puisse soulever et à bout de bras, de toutes mes forces, je l'abats sur la tête, sur la nuque, sur le museau du monstre, cinq fois, dix fois, vingt fois...

— Paul, te souviens-tu la première fois que nous l'avons vu alors que nous pêchions dans le grand hoa ?

— Oui.

— Tu disais que tu l'aurais. Eh bien tu l'as eu.

— Non. C'était un mâle, celle-là c'est une femelle.

— Il y en a... d'autres ?

— Beaucoup, oui, beaucoup d'autres.

— À l'avenir j'hésiterai à me mettre à l'eau.

— Non, je ne le crois pas. Par contre tu auras conscience de ce que tu fais et ce sera bien mieux.

CHAPITRE XXIII

Le téléphérique à poissons

Je ne peux plus me mettre à l'eau. Tympan crevé, dermatose chronique et tout récemment une méchante blessure me condamnent à rester au sec si je veux guérir.

L'accident remonte à quelques jours. Grelottant de froid après une longue partie de chasse sous-marine, je voulais achever un mérou. Mais, à la place de mon poignard dont j'étais si sûr, j'utilisais un couteau de cuisine pas du tout à ma main. En glissant sur le poisson, la lame m'avait entaillé profondément la main à hauteur du poignet, sectionnant un rameau nerveux sensitif et raclant l'os jusqu'à l'articulation.

Maintenant la plaie est en bonne voie de cicatrisation à condition de ne pas la mouiller. Reste l'insensibilité qui est désagréable, mais je pense qu'elle devrait s'atténuer : une affaire de six à huit mois. Que faire d'autre ?

— Je pêcherai à ta place.

Danièle a tenu parole et cela m'a permis entre autres de filmer une séquence de chasse où, dans trente centimètres d'eau, elle a été chargée par un requin qu'elle a finalement achevé à coups de blocs de corail.

Cet épisode m'a fait réfléchir.

— Ce serait bien si nous pouvions pêcher sans nous mouiller et sans même tenir une gaule.

— Je ne vois pas comment.

— Il nous faudrait un téléphérique à poissons.

Le téléphérique à poissons

— Un quoi ?

— Un téléphérique, un système permettant d'envoyer un hameçon au large et de ramener le poisson sans quitter le récif. Avec un corps-mort, une bouée, une poulie et un cordage, cela devrait être possible. Ce serait drôle d'inventer une technique de pêche insolite...

— Je serais curieuse de voir ça. On commence quand ?

— Demain. Je veux y réfléchir cette nuit.

Au large, à une soixantaine de mètres du récif, un paquet de barres de fer forme corps-mort pour retenir un gros flotteur sous lequel j'ai frappé une poulie. Sur le platier, un lourd anneau en fonte sert d'ancrage. Entre les deux, un cordage établi en va-et-vient supporte un bas de ligne et un hameçon.

Après quelques tâtonnements, le système a été amélioré. La poulie simple a été remplacée par une poulie à violon [1] dans laquelle le cordage ne peut coincer. L'hameçon, qui avait tendance à s'accrocher dans le corail, a été maintenu à bonne hauteur par l'ajout d'une petite bouée. Enfin, l'aussière, qui s'emmêlait dans les vagues, a été tirée en triangle à l'aide d'un deuxième ancrage côté terre.

Maintenant le système fonctionne bien. Il présente même un avantage supplémentaire, celui de permettre la sortie en sécurité de la baleinière.

L'endroit où nous avons tissé notre « toile » est situé au point de débarquement, là où le hoa écartèle la végétation sur près de huit cents mètres et où le relief accuse seulement un mètre au-dessus du niveau de la mer, là enfin où les alizés courent au large sans obstacle.

En nous retenant au « téléphérique », nous pouvons laisser filer le canot jusqu'à bonne distance de pêche, au-delà des déferlan-

1. Poulie à violon : les réas n'ont pas le même axe, ils sont l'un sous l'autre.

tes, sans pour autant courir le risque d'être entraînés trop loin, à l'endroit où les moutons chevauchent les crêtes des vagues, où tous nos efforts pour lutter contre le vent, le fardage[1] et la dérive mortelle seraient vains.

Pour revenir il suffira de nous déhaler sur notre « ligne de vie ».

Nous profitons aujourd'hui de cette disposition. Depuis plusieurs jours une bonne brise s'est établie. Par mesure de prudence nous avons amarré un filin supplémentaire au récif, de sorte que nous sommes encordés deux fois. De plus j'ai fixé sous le banc de la chaloupe, une fois pour toutes, une boîte étanche avec fusées, miroir, éponge, crochet à coco, briquet, compas et surtout une balise de détresse.

— Tu es prudent, dit Danièle. Tu penses au moindre détail.

— Ce n'est pas un détail d'être loin de tout.

— C'est vrai. En cas de dérive, Dieu sait où nous irions !

— Avec les vents de ces jours-ci, au sud-ouest.

— Vers les Australes ?

— Oui, avec de la chance. Sinon vers la Nouvelle-Zélande ou l'Australie : six à dix fois la Méditerranée.

— C'est à peine imaginable.

— Regarde !

Sous le canot un groupe de carangues navigue en rangs serrés et disparaît aussitôt. Penchés par-dessus la lisse, nous observons la faune sous-marine avec une lunette de calfat[2]. Poissons bigarrés, zébrés, tachetés, poissons-fusées, ballons, triangles, raquettes, poissons-coffres, poissons-serpents, poissons-papillons, un monde magnifique et impitoyable, où la vie et la mort se côtoient sans trêve.

Je file le premier hameçon avec un lambeau de bénitier. Aus-

1. Fardage : tout ce qui, d'une coque, se trouve au-dessus de la flottaison et qui, par conséquent, donne prise au vent.

2. Lunette de calfat : cône tronqué dont le fond est vitré, permettant de regarder sous la surface de la mer.

sitôt tout s'agite sous le « bateau à fond de verre ». Les balistes se précipitent les premières. Ça mordille à qui mieux mieux. Qui se fera prendre ? Personne ! En quelques secondes l'hameçon est proprement déshabillé, sans fausse manœuvre, sans victime.

Deuxième tentative. Sous l'eau, nouvelle animation. En haut, nous guettons. Danièle annonce les arrivées pendant que je tiens la ligne.

— Toute une meute tourne autour de l'hameçon. Un tamuré !... non, il s'en va. Là, un napoléon ! Il mord ! Tire !

À la main, une secousse suivie aussitôt d'une traction vers le fond. Je donne un coup sec vers le haut, de toute l'amplitude du bras, pour ferrer le poisson, puis, sans relâcher la tension, je ramène doucement la prise vers moi. J'ai mis des gants de jardinier car, avec le poids et la force du poisson, la ligne peut devenir fil à couper le beurre.

Dans l'eau le poisson joue sa liberté en zigzags désespérés. Je hale toujours. L'animal crève la surface. Il faut redoubler d'attention. Un coup de queue contre le plat-bord décrocherait la prise. La voilà dans le bateau. Un coup sur la nuque. C'est fini. J'enlève mes gants, nettoie le sang éclaboussé, prépare un nouvel appât.

— Paul, un raira[1] !

Je dérobe l'hameçon en toute hâte. Le fil ne peut pas encaisser cette masse. Ce serait la rupture avec perte du bas de ligne et du crochet.

— Un lutjan !

Un poisson toxique !

Instantanément, je me souviens de l'intoxication de mes parents, victimes d'un perroquet, à l'occasion de leur premier voyage à Tahiti : sensation de décharges électriques aux lèvres et à la langue au contact du froid, diarrhées profuses, démangeaisons féroces persistant plusieurs semaines, le tout en état de faiblesse extrême...

1. *Raira* (mot maori) : requin gris. *Carcharhinus amblyrhynchos.*

Les poissons empoisonnés sont notre hantise. Ils sont notre plus grande menace, plus à craindre que les requins, les cyclones et les raz de marée. Malheur au pêcheur néophyte, ignorant ou imprudent. Certains poissons peuvent tuer en quelques heures, parfois même en quelques minutes [1].

On se méfie des poissons venimeux — ceux qui piquent —, comme on se méfie de ceux qui mordent. Les dards et les dents sont là pour prévenir. Mais ce n'est pas d'eux qu'il s'agit. Je veux parler des poissons vénéneux, ceux qui sont toxiques quand on les mange. Les uns comme des champignons sont empoisonnés en permanence : tétrodons, diodons, môles, certaines balistes. En zone tropicale, on doit apprendre à les connaître.

D'autres sont occasionnellement toxiques. Ils provoquent la ciguatera, bien connue par les insulaires de toute la ceinture corallienne du globe. Parmi ceux-là : chirurgiens, perroquets, mérous, lutjans, labres, barracudas et d'autres encore. Toxiques à tel endroit, excellents ailleurs. Comment savoir ? Il faut au moins reconnaître ceux qui présentent le plus grand danger : le lutjan rouge qui tourne autour de l'hameçon est de ceux-là.

Je retire la ligne.

Nous avons à présent quatre poissons au fond de la chaloupe, cela suffit. Avant de partir, nous appâtons encore la grosse ligne à requin. À cause de l'expérience de l'arava du lagon, nous avons, dans ce nouveau piège, remplacé les cordages par des câbles et des chaînes. Le flotteur est un drum de deux cents litres dont les efforts seront amortis par une bouée japonaise. De la sorte,

1. Le record d'une issue mortelle semble de dix-sept minutes pour un tétrodon. Voir Burnett (1846), Richardson (1893), cités dans *Poisonous and Venomous marine animals of the World* (Halstead).

Voir en annexe l'article « Poissons exotiques » paru dans le magazine d'information médicale *Tonus*.

Ligne à requin

même un tigre ou un blanc de quatre à six mètres devrait se noyer sans dommage pour l'installation.

Le vent a forci et la nuit tombe. Nous rentrons.

— Tu imagines, s'il fallait ramer ?

— Même un équipage de trois hommes ne suffirait pas.

— Heureusement, nous sommes encordés.

— Il suffirait d'un point de raguage !

— C'est peu probable.

— Tout est possible. L'idéal serait de remplacer les dix premiers mètres des amarres par un câble ou une chaîne, mais nous n'en avons plus.

Pour voir, j'essaie de rentrer en me déhalant seulement sur le fil de nylon. Stupeur ! Le bateau ne bouge pas. Le fil vient sans résistance : il est sectionné.

Ce n'est plus du jeu. J'embraque la cordelette et tire la chaloupe à toute hâte vers le récif. À peine le temps de choisir la bonne vague et déjà la baleinière racle le roc corallien.

C'est alors que j'aperçois notre petite chienne couchée sur le récif, mâchonnant notre deuxième et ultime sauvegarde.

Lentement nous hissons la baleinière au sec puis nous allons examiner le filin restant. Il est aux trois quarts sectionné...

31

31. Nous rebâtissons le strict minimum de notre univers. — 32. Au total, j'ai planté plus de 600 arbres, il n'en reste aucun

32

Page suivante : **33.** Peut-être simplement avons-nous la joie d'avoir fait notre pain. — **34.** Le cérémonial du soir nous astreignait à nous habiller au moins une fois par jour

33

34

CHAPITRE XXIV

Ahunui : une réserve de bonheur

— Toujours à tuer?

— C'est la loi.

— Tu le crois vraiment, Danièle?

— Oui, nous n'avons pas le choix, pas ici en tout cas.

Assise sur le talus de coquillages qui borde le lagon, Danièle frappe des valves de bénitiers l'une contre l'autre. Alentour, les débris de la forêt sommeillent. Pas la moindre brise dans les palmes, pas la moindre ride à la surface de l'eau, presque pas d'oiseaux dans le ciel. Tout est immobile. Même le grondement du récif paraît lointain.

Danièle frappe inlassablement et le bruit sourd des coquillages entrechoqués se répercute au loin sur le lagon immobile, écrasé de soleil.

Danièle appelle les poulpes.

Elle frappe en cadence, trois ou quatre fois, puis, après une pause, frappe à nouveau. Deux heures ont passé déjà, sans résultat. À présent ils arrivent.

La masse brunâtre du premier flotte en surface à quelques mètres du bord, derrière une autre tache approche lentement. La chasse va commencer.

Un crochet à la main, Danièle se hâte dans l'eau peu profonde. La pieuvre essaie de fuir mais ne peut aller bien loin. Ayant craché son encre, après cinq ou six bonds en arrière, la voilà réduite à merci, incapable de trouver refuge sur un fond d'un demi-mètre d'eau à peine. Au bout de la poursuite, Danièle plante le crochet au hasard sous le corps de l'animal et jette l'ensemble sur la plage. Puis elle achève sa victime sous le coup d'un bloc de corail brandi à bout de bras.

J'ai couru moi aussi, au devant de la deuxième pieuvre. Sans crochet, j'ai repoussé l'animal à jets successifs, à mains nues, sans lui laisser le temps d'un coup de bec.

Danièle a repris sa place sur le talus et frappe à nouveau son appel. D'autres bêtes se font prendre. Au fur et à mesure, je les nettoie et les suspends à sécher au vent, écartelées sur une baguette. Deux poulpes se présentent encore. Ils sont enlacés, unis dans un étrange coït où bras et ventouses se palpent, s'agrippent, se détachent dans une grâce nonchalante pleine de poésie et de tendresse. Nous restons interdits, éclaboussés de vie et de beauté.

— C'est toujours la loi ?

— Non, laissons-les vivre. Il y a assez de morts sur cette île. Et un jour ce sera notre tour... Paul, j'ai envie de partir. Je veux quitter cet endroit. Je veux rentrer...

Soudain j'ai conscience des vagues qui explosent plus fort sur le récif. L'odeur du corail et des végétaux en décomposition m'oppresse. La plage est trop blanche, j'ai mal aux yeux. Le soleil devient une immense brûlure. Les cocotiers qui peuplaient mon enfance se transforment en barreaux. Et même le récif, ce monde enchanté, se révèle tout à coup un obstacle et une menace.

L'île qui représentait le rêve et l'espoir émerge comme d'un brouillard, brutalement hostile et impitoyable.

Nous avons construit un monde à notre mesure, nous y avons tracé des pistes, laissé des marques. Nous avons subi une profonde fascination. Hors des sentiers battus, en plein vent, nous avons vécu un face-à-face passionné.

Et si tout n'était qu'illusion ?

Si nous n'avions construit que la façade et le décor, si nous n'avions rigoureusement rien créé ? Nous n'avons pas envisagé un instant de faire venir les enfants ici. C'est tout de même un signe.

Ma ferme perlière, mes constructions, mon poulailler, mon parc à poissons, mon œuvre, tout cela me semble subitement dérisoire. Des mois entiers occupés à transporter des pierres, à façonner des troncs d'arbres pour construire un abri! Tout s'est évanoui dans les vagues. Tout est anéanti. Croire au miracle? Mais il n'y a même pas d'école pour un gosse, même pas une possibilité d'école. Il n'y a rien, rien que la vanité, l'inutilité, l'échec.

Il y a plus d'intelligence dans l'accouplement de ces poulpes que dans notre quête désespérée.

À l'évidence, il faut partir. Maintenant. Rejoindre les enfants, les parents, la société. Il faut rentrer dans le rang. D'ailleurs il nous reste si peu de chose que dans un mois nous ne pourrons même plus marcher par manque de chaussures, or le corail ne nous permettra pas d'aller pieds nus.

Malgré tout, je laisse Danièle sans réponse. J'ai besoin d'un délai de réflexion. Il faut que cette vague de pessimisme retombe. Je me persuade que la sentence de Danièle n'est qu'une intuition de femme qui aspire à la paix, à la sécurité et peut-être au secret désir d'avoir un enfant dans un décor familier et limité.

Je répondrai seulement dans quelques semaines, le temps de reconstruire un autre campement, le sixième, d'effectuer un nouveau déménagement, le douzième et de refaire encore une fois toutes les pistes. Depuis le dernier cyclone, depuis des mois, dégoûtés, nous n'avons pratiquement rien fait d'autre que de chasser, pêcher, en un mot : survivre. Or mon île, je ne peux pas la quitter sur un échec ou un coup de tête. Je croirais la trahir. Nous partirons, bien sûr, mais sans prendre la fuite.

C'est avec une énergie retrouvée que nous rebâtissons une dernière fois notre univers, du moins le strict minimum de cet univers : un abri pour la nuit, un coin d'ombre pour le jour, un point d'ancrage pour les canots.

Nous manquons de tout et les difficultés s'accumulent, pratiquement insurmontables. Clous, poteaux, planches sont rares et précieux. Dans l'outillage, seuls les objets élémentaires comme marteau ou tenailles sont encore utilisables. Le reste est corrodé, hors d'usage ou disparu.

Nous travaillons sans relâche et puis, un jour, l'achèvement de l'entreprise s'impose. Il faut tourner la page.

Mais nous avons une dette envers l'atoll. Il doit avoir un autre visage, une vérité que nous avons méconnue en essayant de nous imposer avec tant d'obstination.

Grâce à l'atoll, nous avons dépassé nos limites, nous sommes allés au bout de l'effort, de la patience, au-delà de la peur. La solitude nous a donné la nécessité et la possibilité d'aller au meilleur de nous-mêmes.

Danièle s'est livrée corps et âme, sachant d'instinct que rien ne vaut la peine de rien si une femme ne fait pas bloc avec un époux envers et contre tout. Elle s'est grandie à mes yeux et aux siens, et j'ai subi moi-même une lente métamorphose vers la force et la joie.

J'ai le sentiment que nous avons effectué un long voyage dans l'innocence. Nous avons réalisé un retour aux sources et, pourquoi pas, peut-être même redécouvert un fragment du paradis perdu qui hante la mémoire collective ? Pour nous le mot paradis signifie maintenant autre chose que facilité, paresse et volupté. Nous savons qu'il est aussi lutte, violence, mort et dévastation. Peut-être, plus simplement, savons-nous la joie d'avoir fait notre pain.

Nous resterons marqués à jamais, nous aurons quelque part dans nos souvenirs un morceau de beauté, une réserve de bonheur.

Le raz de marée nous a donné la mesure de notre fragilité. L'échec de la ferme perlière nous a sauvés de ces années qui se seraient évanouies dans des sacs, des boutiques et des factures.

Un atoll, c'est tout de même aussi du soleil, un lagon, un océan sans tempête. Peut-être que le soleil se dérobe et qu'il suffirait de ne plus jouer à deviner l'heure ? Peut-être que le lagon refuse les pièges prémédités et qu'il conviendrait d'y puiser au jour le jour ? Peut-être que l'océan se révolte et reprend son dû de temps à autre? Peut-être l'atoll se défend-il !

Il est temps de voir, écouter, sentir. Il est temps de communier avec l'aube.

Maintenant nous voyons les bernard-l'ermite qui patientent devant les bigorneaux, une pince dressée devant l'opercule qui tarde à s'ouvrir. Nous découvrons les jeunes crabes de cocotier qui promènent leur coquille, à l'instar des pagures. Nous allons sous les oiseaux qui pondent leurs œufs à même les branches. Nous jouons à effrayer les petits requins. Nous pêchons des perles de pipi, ces merveilleuses petites perles dorées comme des soleils. Nous dormons au bord du lagon, tête calée sur un coussin de menus coquillages. Nous acceptons la fauvette qui nous vole notre laine pour construire son nid. Son chant nous dédommage des petits trous qu'elle pique dans notre unique couverture. Nous avons abandonné le cérémonial du soir qui nous astreignait à nous habiller au moins une fois par jour. Nous veillons près du feu jusqu'à l'hypnose et nous prolongeons cette veille dans la nuit et sous les étoiles que nous connaissons bien maintenant : Orion, aligné comme à la parade, flanqué de ses gardes rouges et bleus, la Croix du Sud qui pointe vers le pôle, le Scorpion au cœur écarlate.

Peu importent les nacres, elles sont toutes mortes. Peu importe les plants, ils ont tous péri. Peu importent les poulets, il ne reste que trois coqs et deux poules ; nous leur avons rendu la liberté. Tant pis pour le film qui se décompose dans le frigo qui ne fonctionne plus ! Et tant pis si la radio tombe en panne, nous ne l'écoutons presque plus.

C'est elle tout de même qui nous relie à nos amis et parents. On ne comprend pas là-bas, on s'impatiente et on s'inquiète. Et puis, un jour, un ami nous informe du passage d'un navire dans les atolls voisins. Il s'agit du *Meherio*, un bâtiment des Travaux publics. Peut-être accepterait-il de se dérouter et de perdre trois jours pour nous recueillir ?

Nous hésitons. Nous voudrions rester encore. Nous commençons à peine à vivre au rythme de l'atoll, à être acceptés. Manquer ce bateau, c'est pourtant repousser notre départ vers l'inconnu. C'est remettre au hasard le baiser d'un enfant, dans un mois, dans six mois, plus. Comment savoir ?

Entre la station de Tahiti, le navire, l'armateur et nous, une chaîne d'amitié s'établit. Quelques jours passent encore dans les préparatifs du départ et, un matin, le bateau est là.

Une baleinière s'en détache, pendant qu'une immense émotion nous étreint, Danièle et moi. L'instant d'après, l'équipage saute à terre. Parmi eux le capitaine en second s'avance avec un large sourire et la main tendue.

— Vous n'êtes que deux ?

— Oui.

— Depuis quand ?

— Près d'un an.

L'homme nous dévisage longuement et presque avec douceur nous dit encore.

— C'est dur, n'est-ce pas ?

Vue en coupe d'un atoll

POSTFACE

L'archipel des Tuamotu-Gambier s'étend dans l'est de Tahiti entre les 14° et 24° de latitude S. et les 134° et 148° de longitude W., selon un axe N.W.-S.E. On y compte quatre-vingt-quatre îles dont quarante et une sont habitées. Leur dimensions sont très variables : les plus grandes comme Rangiroa atteignent 70 kilomètres de diamètre, alors que les plus petites comme Tikei ne représentent que quelques hectares. Au total 908 km² de terres émergées sont dispersées sur une surface aussi vaste que la moitié de l'Europe avec une population totale d'à peine 9000 habitants.

Cet archipel comprend pour la partie Tuamotu des îles basses coralliennes appelées « atolls » et, pour la partie Gambier, des îles hautes volcaniques.

Un atoll se présente sous forme d'un anneau plus ou moins circulaire. Il repose sur une base volcanique et se trouve modelé par l'océan et les alizés. La terre émergée domine la mer de 2 ou 3 mètres au plus. Elle forme une bande large généralement de 200 à 300 mètres, parfois plus, jusqu'à 2 kilomètres. Son architecture est celle d'un récif, c'est-à-dire d'une intrication de coraux tropicaux, d'algues calcaires, de foraminifères et de coquillages.

Enserré dans cette bande de « terre », se trouve le lagon, « mer intérieure » dont les dimensions vont d'une soixantaine de kilomètres de diamètre pour le plus grand à quelques centaines de mètres pour le plus petit et dont la profondeur peut aller jusqu'à une centaine de mètres.

L'anneau corallien peut être soit complètement fermé, isolant alors un lagon en voie de comblement, soit ouvert par des cheneaux ou *hoa* qui font communiquer l'océan et le lagon à marée haute ou même seulement à l'occasion des tempêtes. Enfin, dans les cas les plus favorables, l'anneau peut être ouvert par une brèche navigable ou « passe ».

Ces *hoa* et « passes » conditionnent les échanges océano-lagunaires et déterminent dans une certaine mesure la richesse, l'abondance et la variété des espèces animales et végétales.

En coupe, on trouve de l'océan au lagon :

1. La pente océanique formée de coraux et d'algues calcaires. Elle plonge dans les abysses océaniques. C'est le « tombant ».
2. La crête à algues calcaires, profondément échancrée. C'est l'accore du récif qui crée toute la difficulté de l'atterrisage par baleinière.
3. Le « platier » en forme de dalle, riche en coraux, qui couvre ou découvre au rythme des marées.
4. La plage extérieure faite de galets coralliens et sables détritiques.
5. La terre émergée recouverte de végétation.
6. La plage intérieure faite de débris coralliens et de coquillages ou parfois même de récif mort surélevé.
7. Le « platier interne » sablonneux.
8. La pente du lagon.
9. Le fond du lagon formé de sédiments, de coquillages, de déjections animales et colonisé, çà et là, par des algues.
10. Les pâtés coralliens dont certains affleurent la surface.

Plusieurs théories ont tenté d'expliquer la formation des atolls. À la lumière des données nouvelles apportées par les forages récents, il apparaît que :

1. Les atolls s'incrustent sur des volcans. En effet on retrouve le basalte vers une profondeur de 1 400 mètres pour Eniwetok
   500 mètres pour Mururoa
   400 mètres pour Midway.
2. Comme les coraux ne peuvent se développer qu'à faible profondeur, les volcans se sont donc enfoncés (théorie de la subsidence de Darwin). La limite de croissance du corail constructeur de récif se situe à environ 60 mètres de profondeur, c'est-à-dire à la limite de

la pénétration de la lumière. Ce phénomène est lié à l'exigence de la symbiose entre madrépores et algues tributaires de la synthèse chlorophyllienne.

On comprend ainsi que les atolls sont des récifs qui ont passé par les étapes successives de : récifs frangeants,
récifs barrières,
atolls.

En Polynésie les îles de Mehetia, Tahiti et Rangiroa, par exemple, rendent très bien compte de ces trois étapes.

3. Les périodes glaciaires enfin expliquent l'élévation actuelle des atolls au-dessus du niveau de la mer (théorie de l'eustatisme glaciaire de Daly). Chaque glaciation a entraîné une colossale accumulation de glace autour des pôles, provoquant une baisse du niveau des océans et un arrêt de croissance des coraux.

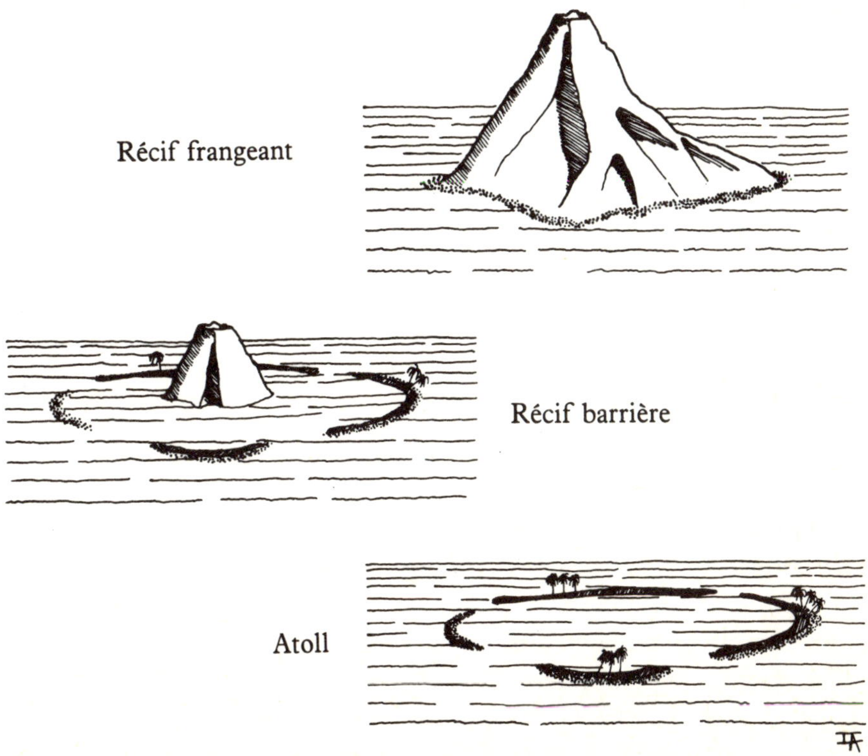

Étapes de la formation d'un atoll

Ce phénomène a pu être vérifié par des méthodes de datation assez précises.

Inversement, aux périodes de réchauffement, le niveau de la mer est remonté et le corail a repris. La dernière émersion, débutée il y a environ trois mille ans, expliquerait les trois mètres d'élévation de corail mort, qui forment le relief général des atolls que nous connaissons.

Cette récente émersion des atolls, leur dispersion sur d'immenses surfaces océaniques, leur sol uniformément calcaire, l'absence de rivière, l'ambiance saline et l'influence des raz de marée, justifient la pauvreté de la flore et de la faune terrestre.

Environ 200 espèces de végétaux sont recensées, dont seulement une vingtaine naturellement significatives. Elles s'étagent *grosso modo* du littoral vers le sommet de l'île selon le schéma suivant :

— formations arbustives : une dizaine de variétés de Pemphis (*miki-miki* en tahitien);

— arbres : environ six espèces dont surtout le Pandanus. (À noter que l'arbre le plus important, le cocotier, a été introduit par l'homme.)

— les sous-bois : plantes rampantes et fougères.

La faune terrestre comprend : tortues, lézards, rats, quelques insectes et cent-pieds, bernard-l'ermite, crabes de terre et crabes de cocotier. C'est à peu près tout.

Les oiseaux se distinguent en :

— oiseaux de mer : sternes, fous, frégates, noddis et plus rarement des pétrels et des pufins (2 ou 3 espèces pour chacun de ces genres);

— oiseaux sédentaires : aigrette sacrée et, sur quelques atolls, pigeon-perroquet, colombe des Tuamotu, fauvette et même perruche-nonette.

— oiseaux migrateurs : bécasseau d'Alaska et courlis d'Alaska.

En fait, la grande aventure de la vie d'un atoll se situe sous l'eau. C'est essentiellement l'aventure des madrépores, architectes des plus gigantesques constructions de notre planète : les récifs. La vie sous-marine, c'est aussi la prolifération des algues dont certaines sont dures comme roches. C'est le monde des coquillages parfois mortellement venimeux. C'est surtout la gamme extraordinairement riche et variée d'innombrables poissons dont chaque espèce offre un modèle d'adaptation tout à fait original.

Le lecteur curieux de la géomorphologie et des différentes formes de vie des atolls pourra consulter les livres suivants, sans que cette liste soit exhaustive :

— *Le Monde vivant des atolls*, par la Société des océanistes (Musée de l'Homme, Paris);

— *Les Poissons de Polynésie*, de Bagnis - Mazellier - Bennett - Christian (Éditions du Pacifique);

— *Les Coquillages de Polynésie*, de Salvat - Rives (Éditions du Pacifique);

— *Guide sous-marin de Tahiti*, de Bagnis - Christian (Éditions du Pacifique);

— *Requins de Polynésie*, de Johnson (Éditions du Pacifique);

— *Oiseaux de Tahiti*, de Thibault - Rives (Éditions du Pacifique).

— Le programme MAB (Man and Biosphere) de l'Unesco, thème VII sur les îles : « Ecologie et utilisation rationnelle des écosystèmes insulaires » Papeete, mars 1977.

Le chercheur, étudiant les poissons toxiques tropicaux, lira avec intérêt :

— *Poisonous and Venomous Marine Animals of the World*, de Bruce W. Halstead MD (The Darwin Press Inc., Princeton, New-Jersey).

— *Modalités évolutives de la ciguatera en Polynésie française.* Thèse du Dr Bagnis (université de Bordeaux).

— Les différents rapports de la conférence du comité d'experts sur la ciguatera (commission du Pacifique Sud, Nouméa, Nouvelle-Calédonie).

Le lecteur curieux du comportement de l'homme dans le monde des atolls pourra lire :

— *L'Atoll*, de Gorsky (Albin Michel);

— *Robinson sous-marin*, de Gorsky (Albin Michel);

— *Clipperton l'île tragique*, de Rossfelder (Albin Michel);

— *A la découverte de mon île*, de Pomel (Calmann-Lévy);
— *Hiro des Tuamotu*, de Pomel (Amiot-Dumont).
— *L'Ile aux perles noires*, de J.-C. Brouillet (Laffont).

Enfin, le lecteur intéressé par les cyclones tropicaux trouvera une moisson de renseignements dans :

— la revue *MET-MAR*, n°s 120 à 126, en particulier les articles signés par S. Auzeneau et J. Darchen, F. Rougerie et B. Wauthy, R. Berges, G. Cauchard et R. Pascal (ministère des Transports, direction de la Météorologie, 77, rue de Sèvres, 92106 Boulogne-Billancourt Cedex);

— la revue *National Geographic*, vol 165, n° 2, february 1984, en particulier un article signé par T. Canby;

— *La Planète Terre : les tempêtes*, de A. Whipple et associés (Éditions Time-Life Amsterdam).

ANNEXES

Annexe 1

AUTOUR DE LA SAISON 1982-1983 DES PERTURBATIONS TROPICALES EN POLYNÉSIE FRANÇAISE *

par Serge Auzeneau
et Jacques Darchen
Météorologie nationale

APERÇU HISTORIQUE

En raison de leur rareté, les phénomènes tropicaux qui intéressent la Polynésie française sont sans doute méconnus des Français de l'Hexagone. Les lignes concernant cet aspect historique s'inspirent d'une étude effectuée en mai 1982 par le Service météorologique de la Polynésie française et se proposent de donner un aperçu des événements qui touchent parfois ce territoire au cours de la saison chaude de l'été austral (novembre à avril).

De 1940 à 1965, les cartes météorologiques, bien que parfois incomplètes, permettent d'améliorer le repérage et l'enregistrement des phénomènes. A partir de 1966, les photographies prises par les satellites météorologiques, progressivement plus fréquentes et de meilleure qualité, fournissent une couverture qui devient totale pendant la décennie 1970-1979. Depuis quelques années aucune circulation cyclonique tropicale, même de faible intensité, ne peut échapper à l'investigation satellitaire.

L'inventaire qui va suivre, couvrant la période 1831-1981, a donc été dressé à partir de sources de valeurs très inégales et n'est vraiment exhaustif que depuis une dizaine d'années.

* Etude publiée dans le bulletin *MET-MAR*, n° 120, 3e trimestre 1983, Direction de la Météorologie.

Sur les 44 individus recensés depuis 1831 :
— 15 se situent entre 1831 et 1940 (soit sur 110 ans);
— 10 se situent entre 1941 et 1965 (25 ans);
— 19 se situent entre 1966 et 1981 (16 ans).

La fréquence moyenne annuelle semble croître avec le temps de façon très importante. Cet accroissement n'est qu'apparent et s'explique par la mise en place d'un réseau d'observation et de repérage de plus en plus perfectionné. On peut admettre, par exemple, qu'avant 1940, seuls les individus ayant effectivement touché une ou plusieurs îles ont laissé des traces dans les archives alors que les dépressions dont la trajectoire n'a affecté de manière sensible aucun lieu habité sont passées inaperçues.

On distingue les cyclones des dépressions tropicales d'après les valeurs du vent moyen près du centre du phénomène, observées ou estimées, définies comme suit :

	Dépression tropicale			Cyclone tropical
	Faible	Modérée	Forte	
Vent moyen	13 à 17 m/s 25 à 33 nœuds 46 à 61 km/h	18 à 24 m/s 34 à 47 nœuds 62 à 87 km/h	25 à 32 m/s 48 à 63 nœuds 88 à 116 km/h	Sup. à : 32 m/s 63 nœuds 116 km/h

L'inventaire

21-22 décembre 1831 : un cyclone ravageant les Cook du Sud se manifeste par sa bordure orientale jusque sur les îles Sous-le-Vent.

21 décembre 1843 : forte dépression (peut-être cyclone) affectant les îles Sous-le-Vent (4 morts à Raiatea). Gros dégâts à Maupiti, Tahaa, Huahine et Bora-Bora où la mer aurait atteint le pied de la montagne.

22 janvier 1856 : coup de vent ou dépression sur Tahiti : gros arbres déracinés et mer envahissant le rivage.

2 février 1865 : tempête ou cyclone avec importants dégâts aux îles Sous-le-Vent, à Tahiti (surtout de Punaauia à Mataeia) et aux Australes (un ou deux villages submergés et anéantis par la marée de tempête à Tubuaï).

18-19 janvier 1877 : dépression sur la Société et les Tuamotu.

6 et 7 février 1878 : violent cyclone sur les Tuamotu de l'ouest (117 morts et très gros dégâts).

Février 1883, 8 février 1888, 16 mars 1889 : marées de tempête (sans autre précision).

22 décembre 1901 : dépression sur Tahiti, mer démontée envahissant le rivage et détruisant une grande partie des quais de Papeete.

14-15 janvier 1903 : cyclone ravageant le nord et le centre des Tuamotu (517 morts, la plupart emportés par la marée de tempête ; 2 goélettes perdues et 83 cotres démolis).

23-26 mars 1905 : forte dépression ou cyclone du nord des Tuamotu à l'est de Tahiti. Gros dégâts sur les Tuamotu du Nord (4 morts à Arutua); 4 goélettes (4 membres d'équipage noyés) et 32 cotres perdus ; 175 maisons détruites. Dégâts matériels sur la côte est de Tahiti.

6 au 8 février 1906 : cyclone en provenance du nord-ouest, passant entre Tahiti et les Tuamotu et se dirigeant ensuite vers les Gambier, dégâts considérables à Tahiti (2 morts et nombreuses destructions par la marée de tempête) et surtout aux Tuamotu (plus de 150 morts et nombreux villages rasés par le vent et la mer).

1er au 3 janvier 1926 : pluies très abondantes sur Tahiti, sans doute liées au passage d'une dépression.

6 au 12 février 1935 : cyclone et ravages considérables sur les Cook du Sud. Ne se manifeste que par sa bordure orientale sur la Société.

25-27 février 1937 : issue des Cook du Sud, une dépression traverse les Australes. Vent très fort et mer démontée à Tubuaï.

6-8 février 1940 : dépression entre Tahiti et les Australes. Très forte houle le 9 dans le port de Papeete.

29-31 décembre 1940 : forte dépression au nord de Tahiti où le vent d'est à nord-est a soufflé en tempête (> à 90 km/h).

16-18 janvier 1941 : forte dépression à l'ouest de Tahiti, dégâts importants à Uturoa et surtout à Bora-Bora par le vent (> 95 km/h) et la mer démontée, mais moindre à Tahiti. Forte houle dans la passe de Papeete. Disparition de la goélette *Téréora* qui se rendait à Raiatea.

15-17 février 1947 : dépression, sans doute assez faible, sur la Société et quelques dégâts à Tahiti.

4-7 janvier 1955 : faible dépression près des îles Sous-le-Vent et s'éloignant vers les Cook du Sud. Mer très forte à Mopelia.

10-12 mars 1955 : dépression dans le sud de la Société, devient forte à l'ouest de Rimatara (nuit du 11 au 12). Rafales > 100 km/h et mer très grosse à Rurutu.

18-21 novembre 1956 : faible dépression sur le nord des Australes, le 20, et près de Rapa, le 21.

19-21 janvier 1958 : formée le 19 au nord de Huahine, cette dépression passe entre Makatea et Tahiti. Houle de nord-ouest à Makatea, atteignant une hauteur de 5 à 7 mètres.

26-28 janvier 1959 : dépression forte à l'ouest de la Société puis sur Rurutu, rafales de 115 km/h à Bora-Bora et de 146 km/h sur la *Jeanne-d'Arc* à proximité. Mer grosse et très houleuse. Passe de Papeete impraticable du 27 au 29.

9 janvier 1960 : faible dépression sur nord-ouest Tuamotu et la Société. Rafales de 100 km/h à Makatea.

6-8 février 1960 : dépression modérée sur la Société et le nord des Tuamotu. Rafales de 100 km/h à Makatea avec forte houle de nord (hauteur > 4 m).

9-13 mars 1961 : dépression modérée sur la Société et le nord des Tuamotu. Rafales > 100 km/h à Bora-Bora et mer grosse.

29-31 janvier 1966 : dépression modérée se déplace très vite des Cook du Sud à l'est des Australes, puis de Rapa.

16-20 décembre 1967 : dépression le 16 près des îles Ellice [1], puis cyclone non dénommé traversant les Cook du Sud (vent > 100 km/h). Centre du météore à 300 km au sud-ouest de Rimatara, le 18 en soirée, avec rafales estimées à 160 km/h. Houle cyclonique touchant de nombreux lagons, sauf les Marquises et les Tuamotu du Nord.

3-7 mars 1968 : faible dépression sur les îles Sous-le-Vent, puis sur Hereheretue et les Australes.

21-25 janvier 1970 : petite dépression faisant quelques dégâts sur des atolls de l'ouest des Tuamotu.

1. Devenues depuis le Tuvalu; les stations météorologiques de ce pays sont exploitées par la Nouvelle-Zélande.

20-24 février 1970 : cyclone Dolly en provenance de l'ouest des Nouvelles-Hébrides [1] ; passe au sud-ouest des Australes le 23, puis au voisinage sud de Rapa. Quelques dégâts dus à la houle en Polynésie.

27 février au 5 mars 1970 : cyclone Emma en provenance du nord des Cook du Sud. Passe le 2 mars près de Mopelia, le 3 en début de journée près de Rurutu, le 4 près de Tubuaï et le 5 au sud de Rapa. La montée des eaux atteint 3 m à Rurutu (où la mer pénètre parfois jusqu'à 400 m dans les terres), 2 à 3 m à Tubuaï, 2 m à Bora-Bora, 1 m à Tahiti. Rafales de 120 à 160 km/h par endroits, de la Société à l'ouest des Australes où l'on déplore un blessé grave et de nombreux dégâts.

16-19 décembre 1971 : faible dépression, de la Société à l'ouest des Australes.

16 mars 1974 : dépression Stella, très éphémère entre les îles Sous-le-Vent et les Cook du Sud.

2-6 février 1976 : dépression Frances sur le nord des Gambier, puis cyclone après son passage sur les Australes. Rafales de 105 km/h à Mururoa. Pas de marée de tempête (voir *Met-Mar* n° 92).

15-20 avril 1977 : dépression puis cyclone Robert, de petit diamètre, du sud des îles de la Ligne à l'ouest de Mopelia puis au nord des Australes et au sud des Gambier. Pas de dégâts. Une goélette signale des creux de 10 à 11 m entre Tahiti et les Australes le 20.

6-10 décembre 1977 : dépression Tessa, plutôt faible, issue des parages de Penrhyn. Passe entre Takaroa et Puka-Puka, puis au nord de Reao.

16-20 février 1978 : forte dépression Diana née au nord-ouest des îles Sous-le-Vent. Passe au sud immédiat de Mopelia (rafales 110 à 115 km/h), au sud de Raiatea puis à l'ouest de Rimatara. Nombreux dégâts aux îles Sous-le-Vent.

16-27 février 1978 : cyclone Charles, très puissant, formé dans l'ouest des Cook du Sud où des vents moyens ont atteint 115 km/h. Sa trajectoire, très occidentale, épargne la Polynésie française.

27-29 novembre 1980 : forte dépression Diola, du centre des Tuamotu au sud puis au sud-ouest de cet archipel. Vents violents voisins

1. Devenues depuis le Vanuatu.

de 120 km/h, provoquant des vagues de 6 à 8 m qui ont submergé partiellement des atolls. Dégâts matériels importants.

12-17 janvier 1981 : faible dépression, du sud-ouest de Mopelia aux Australes. Pas de dégâts notables.

5-8 mars 1981 : dépression modérée, de diamètre restreint, du sud de Mopelia à l'ouest des Australes. Dégâts matériels surtout sur le Centre des Australes.

9-13 mars 1981 : dépression puis cyclone Tahmar s'approchant à 180 km du sud de Tahiti puis à 300 km du sud-ouest de Hereheretue avant de disparaître dans l'ouest des Australes. Dégâts matériels très importants dans les archipels de la Société en raison du vent et des fortes pluies, moins sérieux aux Australes, mais sévères sur les atolls des Tuamotu (tels que Anaa) à cause de la marée de tempête.

17-24 mars 1981 : dépression Fran, modérée puis forte, de l'ouest de la Société à l'archipel Tubuaï. Rafales entre 90 et 130 km/h. Pas de victimes mais de nombreux dégâts, très importants ; inondations à Tahiti, récoltes détruites à plus de 50 % à Rurutu, 21 toitures emportées dans l'ouest des Australes où la mer a pénétré localement à une centaine de mètres à l'intérieur des terres. Dégâts mineurs à Tubuaï et Rapa.

Considérations générales

Les dépressions tropicales fortes et les cyclones sont relativement peu fréquents en Polynésie française. Leur intensité est très nettement inférieure à celle des typhons, cyclones ou ouragans de l'océan Indien, de l'Atlantique ou du Pacifique ouest. Les vents moyens atteignent ou dépassent rarement 100 à 120 km/h pendant des périodes le plus souvent inférieures à vingt-quatre heures en un lieu donné.

Bien qu'importants, ce ne sont pas les effets destructeurs des vents qui sont le plus à craindre sur notre Territoire, mais ceux de la mer par les marées de tempête ; les atolls, dont l'élévation au-dessus du niveau moyen de la mer est très faible, sont, de ce fait, particulièrement vulnérables.

Les catastrophes de 1878, 1903 et 1906 (respectivement 117, 517 et 150 victimes) qui ont ravagé les Tuamotu sont anciennes mais les phénomènes de novembre 1980 (Diola sur le sud-est de l'archipel) et mars 1981 (Tahmar au large sud-ouest) sont venus rappeler que le risque est toujours bien réel. Il suffit d'imaginer une trajectoire de Tahmar décalée d'environ 2 à 300 km vers l'est pour se retrouver dans les configurations probables de 1878 ou 1906.

On peut donc s'attendre à subir, plusieurs fois par siècle, entre novembre et avril (été austral), des tempêtes tropicales du type Tahmar, à savoir, en un lieu quelconque :

— des vents moyens de l'ordre de 100 à 120 km/h pendant une durée de quelques heures à une journée ;

— des marées de tempête pendant un à plusieurs jours avec des vagues d'environ 8 à 10 mètres.

Aux Marquises, le risque semble très faible. Des Tuamotu à la Société, on peut estimer entre 4 et 8 (croissant du nord-est au sud-ouest de la zone) le nombre d'individus de ce type à attendre par siècle. Sur les Australes enfin, c'est une fois tous les deux à trois ans que se produirait un événement cyclonique de forte intensité.

RAPPELS SUR LE CYCLONE TROPICAL

Définition du cyclone tropical

Dans l'acception française du terme, système tourbillonnaire originaire des zones maritimes aux basses latitudes. Le vent souffle avec une vitesse atteignant l'ouragan à mesure qu'on se rapproche du centre cyclonique où la pression est extrêmement basse ; dans le centre même, ou « œil » du cyclone, de faible diamètre (souvent quelques milles), le vent devient calme ou variable faible. Dans tout le cercle cyclonique, les formations nuageuses sont épaisses, sauf dans l'œil qui peut être peu nuageux, et sont à l'origine de pluies importantes. Le cyclone est fréquemment accompagné d'une marée de tempête particulièrement dangereuse quand elle aborde les côtes. Pouvant parcourir des distances de plusieurs centaines de milles, le cyclone atteint parfois les hautes latitudes sous une forme atténuée. Sa vitesse moyenne de déplacement est de l'ordre d'une dizaine de nœuds mais peut atteindre des valeurs très supérieures lorsque sa trajectoire devient rectiligne.

On sait que la zone intertropicale située, sur plus de 45° de latitude, à cheval sur l'équateur, reçoit un maximum de rayonnement solaire. C'est donc tout naturellement là que les couches supérieures de l'océan accumulent une grande quantité d'énergie solaire qui, absorbée, c'est-à-dire transformée en chaleur sensible, repasse finalement, en grande partie, à l'atmosphère par les voies du rayonnement infrarouge et, surtout, de l'évaporation.

Cependant, il semble bien que les réserves thermiques ainsi accumulées dans la mer soient supérieures aux pertes qui s'opèrent par ces voies classiques et que des soupapes de sécurité soient nécessaires pour rétablir l'équilibre entre gain et perte puisque le bilan thermique du globe et, *a fortiori*, des mers, est nul, du moins à l'échelle de temps d'une vie humaine.

L'une de ces soupapes libératrices d'un trop-plein d'énergie est sans conteste constituée par le cyclone tropical, machine thermique exceptionnelle affectée d'une dynamique particulière.

Conditions de formation et d'évolution

Certaines conditions sont propices à la formation du cyclone, dont cinq absolument essentielles :

1. *température de la mer* supérieure à 27 °C sur une vaste zone et sur une profondeur suffisante;
2. *force de Coriolis* (déviante de rotation terrestre) faible mais non nulle;
3. *cisaillement vertical* des vents faible;
4. *convergence de l'air* en surface et dans la basse troposphère;
5. *divergence de l'air* dans la haute troposphère.

Quand on dit que la mer constitue le carburant (t > 27 °C), voire le super-carburant (t > 30 °C) du cyclone, il faut comprendre que le passage ne se fait pas directement, comme à la pompe ; en fait, le cyclone puise l'essentiel de son énergie dans la *couche limite planétaire*, réchauffée et humidifiée par la mer, qui s'étend de la surface à une altitude jamais inférieure à 1 000 m dans la zone maritime tropicale. Plus la mer est chaude, plus grands sont le réchauffement et l'humidification de la couche, plus intense devient le cyclone qui utilise un carburant plus riche.

Le cyclone est doté d'un appétit littéralement boulimique et les réserves thermiques de la mer doivent être en mesure de le satisfaire. Cette notion de réservoir implique des conditions d'étendue et d'épaisseur.

Des études menées au cours de la dernière décennie en Atlantique, mais transposables à d'autres zones, montrent que l'étendue du champ thermique propice à la naissance des cyclones ne serait pas inférieure à $8{,}5.10^6$ km^2 (quelque 16 fois la France), la fréquence des cyclones augmentant avec cette étendue.

Ces mêmes études ont montré qu'une diminution générale de 4 °C de la température de la mer mènerait à la suppression complète des perturbations tropicales, alors qu'une augmentation de quelques dixièmes seulement conduirait non seulement à en accroître le nombre mais aussi à allonger la durée de chaque phénomène.

Les conditions d'épaisseur revêtent également une grande importance.

Rappelons que, sur le plan de la structure thermique en profondeur, océans et mers peuvent être divisés en trois couches principales :

a. *la couche de mélange*, homologue de la couche limite planétaire, dont l'épaisseur peut être de quelques dizaines de mètres ;

b. *la couche de transition* qui s'étend au-dessous sur plusieurs centaines ou plusieurs milliers de mètres ;

c. *la couche profonde* qui peut également s'étendre sur une épaisseur considérable.

Dans cette disposition, on distingue deux discontinuités thermiques importantes dites *thermoclines*.

La première, *saisonnière*, présente, malgré cette appellation, un grand caractère de permanence sur de vastes zones ; elle sépare la couche de mélange de la couche de transition.

La seconde, *permanente*, sépare la couche de mélange de la couche profonde et, très souvent, occupe une grande partie, voire l'ensemble de la couche de transition.

Le réservoir dans lequel puise le cyclone est constitué par la couche de mélange dans laquelle est emmagasinée l'énergie d'origine solaire ; le « carburant » doit être riche — température supérieure à 27 °C — et en quantité suffisante.

Il semble actuellement hasardeux de fixer une valeur à l'épaisseur minimale critique de la couche de mélange et à la forme du contenu thermique la plus favorable au développement du cyclone ; tel cyclone pourra être amorcé avec une épaisseur relativement faible (30 m) au riche contenu (30 °C) ; tel autre végétera à la limite inférieure de l'ouragan, puisant dans une couche épaisse (80 m) mais au contenu thermique juste suffisant (26° à 27 °C)...

L'état de la mer

La houle qui précède souvent les cyclones tropicaux est l'un des premiers signes qui permette de les déceler.

Les populations côtières et insulaires auront donc tout intérêt à signaler au Service météorologique toute houle anormale, longue et régulière, qui déferle au rivage, en repérant sa direction et les variations de celle-ci qui correspondent respectivement à la direction du cyclone et à son déplacement.

Les vagues les plus importantes, atteignant couramment 10 à 15 m avant de toucher les hauts-fonds, sont levées par les vents du quadrant arrière du demi-cercle dangereux. Les vents générateurs ont, en effet, dans ce secteur, une direction qui est sensiblement la même que celle dans laquelle le cyclone se déplace ; ils exercent donc une action plus durable que dans les autres quadrants où les vents générateurs changent constamment de direction.

La marée de tempête

La marée de tempête se révèle comme un phénomène des plus dangereux parmi ceux qui accompagnent le cyclone tropical. Elle se traduit par un écart plus ou moins important entre le niveau de la mer observé et celui qui est simplement lié au phénomène de marée astronomique.

Une tempête, tropicale ou non, se traduit par un minimum de pression de dimensions comprises entre quelques centaines et quelques milliers de kilomètres de rayon. Par effet barométrique, la surface de la mer subit, sous la dépression, un soulèvement qui est encore accentué par des effets dynamiques liés au vent qui accompagne la dépression et au déplacement propre de celle-ci.

Ainsi se forme une onde dont le mécanisme interne est le même que celui de la marée astronomique, et dont la hauteur dépend du creux barométrique, de la vitesse de déplacement de ce dernier, des caractéristiques géométriques du bassin océanique...

A la demande du Conseil supérieur de la Météorologie, la Météorologie nationale compte poursuivre ses efforts pour mettre au point un modèle de prévision de marée de tempête adaptable à nos départements et territoires d'outre-mer.

Une surveillance active

On comprend bien, finalement, que pour tenter d'établir des prévisions portant sur la fréquence et l'intensité des perturbations cycloniques dans une zone donnée, il faille exercer une surveillance toute particulière des conditions thermiques de la mer. Cette veille concerne des étendues où le réseau d'observation *in situ* est généralement pauvre ; il serait donc intéressant de pouvoir obtenir des rares navires qui y passent qu'ils exécutent, au moins toutes les trois heures, des mesures de température de surface et, si possible, des mesures en profondeur dans les secteurs particulièrement suspects. Par ailleurs, les capacités du calcul numérique pourront sans doute, dans l'avenir, être mises à profit et les modèles actuellement utilisés encore affinés pour répondre à la précision requise. Enfin, la tendance générale actuelle va vers une prise en compte plus large des données satellitaires ; si ces mesures ne fournissent pas encore de valeurs ponctuelles très précises, elles peuvent indiquer des valeurs relatives et, par là, permettre de repérer les advections ou tout mouvement océanique décelable thermiquement.

Dès 1982, dans le Pacifique sud, la température de la mer accusa une hausse spectaculaire qui se poursuivit sur 1983 ; malheureusement, cette anomalie ne fut pas décelée très tôt du fait de la présence d'un écran de poussière formé dans l'atmosphère lors de l'éruption du volcan mexicain El Chichon (le bossu), le 4 avril 1982 ; les capteurs satellitaires ont été trompés, mesurant des énergies infrarouges (températures) sous-estimées.

Cette hausse de température correspondait à un phénomène à grande échelle et à des conditions tout à fait exceptionnelles.

La saison 1982-1983

La mémoire polynésienne n'avait pas gardé le souvenir d'une autre saison de cette ampleur. Six phénomènes tropicaux en cinq mois, dont cinq cyclones (vents dépassant 63 nœuds), évoluant durablement sur toutes les parties des archipels, voilà qui fait vaciller les idées longuement acquises à la contemplation de données climatologiques à saveur de dépliant touristique [1].

Les médias métropolitains nous ont appris les méfaits de dame Nature dans ces lointaines terres françaises, mais d'une façon quelque peu feutrée, comme toujours lorsqu'il s'agit d'événements se produisant aux antipodes. Par contre, les rapports que nous avons reçus de notre Service météorologique local n'ont rien négligé pour nous faire comprendre que nous venons d'assister à un phénomène majeur inscrit dans une suite d'événements à résonance planétaire.

1. Nous ne tenons pas compte ici d'une septième perturbation baptisée Tomasi qui se forma fin mars dans le sud-ouest des îles de la Ligne et qui évolua ensuite sur les îles de Cook.

Lisa (dépression tropicale forte)

La perturbation qui devait donner naissance à Lisa se forme à partir d'une zone d'instabilité marquée ; il s'agit ici du seul phénomène de la période qui évolue d'une façon classique.

C'est dans l'ouest-nord-ouest de Penrhyn, îlot corallien sur lequel est installée une station météorologique tenue par les Néo-Zélandais, que se creuse un minimum qui devait acquérir son individualité entre le 10 et le 11 décembre 1982, en approchant de Bora-Bora. En fait, passant à 60 milles dans le sud-ouest, Lisa épargne l'île chère à Alain Gerbault et à Paul-Emile Victor où, cependant, la pression tombe à 995 mbar, le vent atteint 85 km/h (45 nœuds), 110 (60) dans les rafales, et où les précipitations sont importantes ; on enregistre 262 mm entre le 8 et le 13 décembre ; rappelons, à titre comparatif, qu'il tombe 60 mm d'eau à Paris en août, mois pluvieux par excellence.

Poursuivant sa course à travers les îles de la Société, tout en infléchissant sa trajectoire vers sud-sud-est, Lisa se situe, le 12 décembre, à 110 milles dans l'ouest-sud-ouest de Tahiti. La pression baisse jusqu'à 1 002 mbar à Faaa où le vent souffle jusqu'à 65 km/h (35 nœuds), rafales 85 (45). Cependant, sur la côte de Tahiti, entre la pointe de Vénus et Faaa, il est probable que le vent atteint 95 km/h (50 nœuds), rafales 120 (65). Les précipitations sont abondantes : 506 mm en six jours à Faaa pour une moyenne mensuelle de 264 mm.

La petite houle de nord-est qui, en période non perturbée, battait les côtes exposées des îles de la Société, se renforce d'une façon considérable, en même temps que se forme une marée de tempête qui atteint la côte tahitienne.

On déplore deux morts et d'importants dégâts matériels dans les îles de la Société, notamment à Tahiti et à Moorea.

L'avion DC10 de la compagnie UTA, en provenance de Los Angeles, doit être détourné sur Hao où, en approche, il ressent de violentes turbulences ; le trafic interinsulaire est, évidemment, interrompu.

Poursuivant une route en forme de S renversé, Lisa épargne les îles Australes, arrosant cependant abondamment Rurutu. Finalement, le phénomène devient quasi stationnaire dans l'ouest de ces îles en perdant ses caractéristiques tropicales.

Nano (cyclone tropical)

C'est sur les îles Marquises, c'est-à-dire dans une zone de cyclogenèse tout à fait inhabituelle que naît cette redoutable perturbation qui, suivant une trajectoire en forme de S renversé, devait prendre en enfilade les îles Tuamotu et les Gambier. De fait, il faut remonter à plus de soixante-quinze ans pour retrouver la mémoire d'un phénomène analogue.

Depuis plusieurs semaines, on observe une forte activité dans la zone intertropicale de convergence entre les îles Cook du Nord et les îles Marquises, entre 5° et 15° sud, quand, à partir du 19 janvier, des pluies violentes accompagnées de rafales de vent s'abattent sur ces dernières — 400 mm en quarante-huit heures localement à Nuku-Hiva — où les dégâts matériels sont importants : inondations par crue des rivières, glissements de terrain, plantations détruites. La pression atmosphérique baisse d'une façon inquiétante mais aucune formation suspecte n'est encore décelable sur les images satellitaires.

Dans la journée du 22 janvier, les nuages amorcent une forme tourbillonnaire classique, la pression poursuit sa baisse et Nano, dépression tropicale forte, se met en mouvement, route générale au sud. Le 24, elle touche, par son demi-cercle dangereux, Puka-Puka, dont elle emporte la plupart des toitures, le vent atteignant 126 km/h (68 nœuds) dans les rafales. Peu après, le tourbillon atteint le stade du cyclone.

Passant d'abord sur Fangatau, le 25 janvier le cyclone touche Hao de plein fouet ; on enregistre des vents de 120 km/h (65 nœuds), 155 (85) dans les rafales un peu avant le passage de l'œil. La pression tombe à 980 mbar. La mer attaque vivement l'atoll avec des vagues qui, se formant sur une surface marine anormalement élevée par la marée de tempête, atteignent 15 mètres et provoquent la formation de trois grandes entailles de 60 m de long sur 20 de large dans le village d'Otepa. Dans le lagon même, les vagues sont évaluées à 4 m.

L'aérodrome est vite recouvert d'énormes blocs de corail arrachés et transportés par la mer ; un mur de béton qui protège la piste est défoncé.

Les mille habitants qui composent la population civile de l'atoll se réfugient dans les installations militaires qui semblent devoir mieux résister.

Les dégâts infligés à Hao sont considérables ; le village d'Otepa est entièrement détruit ; la base du Centre d'expérimentation du Pacifique a été durement touchée.

Comme tout phénomène tropical, Nano manifeste sa présence loin à l'entour ; à Reao et à Hereheretue, pourtant situés l'un et l'autre à quelque 280 milles (500 km) de part et d'autre de la trajectoire, les vagues sont estimées à 5-7 mètres.

A Tureia, on ne conserve aucune trace enregistrée des paramètres au moment du passage du phénomène le 26, car tout a été emporté, y compris la station météorologique, par le vent et la mer — vagues évaluées à 16/18 mètres — qui ont littéralement submergé l'atoll. A Mururoa, à 230 milles (130 km) dans le sud-sud-ouest de Tureia, on enregistre des vents de 108 km/h (58 nœuds) et une pression de 1 001,6 mbar.

D'une façon générale, tous les atolls situés entre 15° et 20° sud et entre 125° et 143° ouest ont terriblement souffert, notamment les côtes exposées à l'est et au nord submergées par la marée de tempête et le déferlement de la mer démontée.

Après Tureia, le phénomène gagnant des eaux moins chaudes, s'affaiblit et passe à proximité de Marutea, au nord des îles Gambier, où l'on n'enregistre plus que 78 km/h (42 nœuds) à l'anémomètre.

Nano, en route rapide au sud-est, devait perdre ses caractéristiques tropicales en passant près de l'îlot de Pitcairn, au-delà du 25ᵉ sud.

Orama (cyclone tropical)

C'est encore dans les parages des Marquises, mais dans le nord de l'archipel, que se développe, à partir du 10 février, la perturbation qui devait donner naissance au cyclone Orama.

Se mettant en route à une dizaine de nœuds (20 km/h) à partir du

13, le phénomène décrit une vaste boucle qui l'amène, le 17, dans l'ouest des îles Tuamotu. Se creusant lentement, route désormais à l'est, Orama traverse une première fois l'archipel par le nord avant d'effectuer une nouvelle boucle qui amène la perturbation maintenant en voie de profond creusement, à repasser sur les mêmes régions des Tuamotu, mais en sens inverse.

Le 22 février, la perturbation passe, en quelques heures, du stade de dépression tropicale modérée à celui de cyclone adulte.

Après avoir touché Napuka par son demi-cercle maniable, le cyclone passe sur Takapoto, où l'on mesure 975 mbar dans l'œil, Manihi et Ahe, et poursuit sa route à travers les atolls des Tuamotu. On estime alors les vents à 120-150 km/h (65-80 nœuds) près du centre ; une houle de 6 à 8 mètres déferle sur les côtes les plus exposées.

Le 23, Orama passe une deuxième fois, mais maintenant en pleine force à proximité immédiate de Rangiroa avant de s'affaiblir en effectuant une courbe serrée, ce qui entraîne, classiquement, une réduction de la vitesse de déplacement qui passe à 3-4 nœuds (6-7 km/h).

A partir du 24, le cyclone, qui a repris sa force, fera une route générale au sud-est, sa vitesse de déplacement augmentant rapidement jusqu'à atteindre 25 nœuds (45 km/h) au fur et à mesure que sa trajectoire devient rectiligne, suivant un schéma également classique.

On relèvera qu'après avoir touché Rangiroa, Orama semble prendre un malin plaisir à passer systématiquement sur un maximum d'atolls puisque l'œil cyclonique touche successivement Makatea, Anaa et Hereheretue.

C'est le 25 février que le cyclone passe sur Anaa où la pression tombe à 950 mbar, les vents montent à 180 km/h (96 nœuds) ; la marée de tempête submerge l'atoll. La population, réfugiée dans l'église, patauge dans un mètre d'eau alors que le vent soulève le toit. L'atoll est entièrement détruit mais la population est sauve. Elle ne sait pas qu'elle devra à nouveau faire face aux rigueurs de Reva.

La navigation aérienne est évidemment interrompue dans la région au cours de toute la période « des hostilités ». La navigation maritime est très perturbée et paie un lourd tribut : naufrage de la goélette *Tamarii Tikehau*, 5 disparus, plusieurs bateaux de pêche coulés.

Le navire *Ruahatu* et la goélette *Tamarii-Tuamotu* qui cherchent refuge sous Anaa sont piégés au cœur du cyclone après un changement soudain de route de celui-ci ; ils s'en sortent cependant sans dommages. Le *Ruahatu* transmet même, à ce moment, des observations précieuses pour le service de prévision : *avant le passage de l'œil,* pression 978 mbar, vent nord-nord-ouest estimé à 130 km/h (70 nœuds), vagues 12 mètres ; *dans l'œil,* pression 957 mbar, vent nord 20 km/h (10 nœuds).

Le navire sélectionné *Rostand,* de la Compagnie générale maritime, en vue de Mururoa le 28, doit attendre jusqu'au 2 mars des conditions lui permettant de franchir la passe de l'atoll alors que le cyclone a depuis longtemps disparu dans le grand sud. Ceci donne une idée de la persistance de l'état de la mer dans certaines conditions.

Au cours de l'évolution d'Orama à travers les Tuamotu, l'aviso-escorteur *Enseigne-de-Vaisseau-Henry* (commandant : capitaine de frégate Michel Fréville), de la Marine nationale, assume le rôle, qui avait déjà été le sien avec Nano, de bon samaritain non seulement à l'égard des populations insulaires si durement éprouvées mais aussi à celui du Service météorologique, en servant d'observatoire pour remplacer les stations météorologiques détruites dont les observations faisaient cruellement défaut.

Le bâtiment, opportunément doté d'un météorologiste (maître A. Leguern), tient ainsi la mer, dans des conditions pénibles pendant plusieurs jours, exécutant et transmettant régulièrement des observations horaires. Le 25, à la recherche des naufragés de la goélette *Tamarii-Tikehau,* il fournit des précisions sur la position et les caractéristiques de l'œil parfaitement identifié sur son radar et dont le diamètre, relativement important, est alors de 42 milles (80 km).

Le Service météorologique de Polynésie française a également salué une première réalisée par la Marine nationale : un appareil « Neptune » de l'escadrille 12 S de l'Aéronautique navale, lui aussi en mission de sauvetage, s'approche, le 25 février, du centre cyclonique pour en observer et transmettre les caractéristiques.

Orama achève sa funeste existence à la fin du mois de février en se fondant dans le courant perturbé circulant aux latitudes des *roaring forties**.

* Zone située entre les 40e et 50e degrés de latitude sud, où soufflent les grands vents d'ouest.

Reva (cyclone tropical)

Début mars 1983, une vaste zone dépressionnaire continue à s'étendre des Cook du Nord aux Marquises, entraînant des précipitations diluviennes ; à Atuona, on recueille 1,30 m d'eau du 9 février au 8 mars. Au demeurant la terre d'élection de Gauguin et de Jacques Brel, à la pluviométrie habituellement plutôt faible, a été véritablement noyée sous des trombes d'eau au cours de la période estivale 1982-1983. Pour décembre-janvier-février, les totaux mesurés sont souvent de 5 à 8 fois supérieurs à la moyenne suivant les régions. Bien entendu, les îles en ont beaucoup souffert : inondations, ravinements, glissements de terrain, pourrissement des cultures...

La température de la mer, dont on soupçonne bien qu'elle est la grande responsable, reste élevée.

L'inquiétude se concrétise vite, car, à peine Orama a-t-elle disparu dans le grand sud, que le 1er mars, un minimum barométrique se dessine, à nouveau dans le nord des Marquises et qui, pour faire ses premiers pas, choisit la même route que la perturbation précédente.

C'est ainsi que l'on trouve Reva, le 8 mars, centrée dans le nord-ouest des Tuamotu, en déplacement vers le sud-ouest en direction de Rangiroa ; le minimum se creuse rapidement et atteint l'intensité du cyclone au cours de cette même journée, avec une pression centrale estimée à 970 mbar et des vents atteignant 140 km/h (75 nœuds) jusqu'à 120 km autour du centre ; la houle qui déferle sur les atolls est estimée à 5-6 mètres.

Entre le 10 et le 12 mars, le cyclone exécute une boucle, qui prend véritable allure d'un virage en épingle à cheveux, et défile, incurvant progressivement sa route vers le sud-est, dans le couloir qui sépare les îles Tuamotu des îles de la Société.

L'œil est, encore ici, de grande taille, puisque l'*Enseigne-de-Vaisseau-Henry*, désormais commandé par le capitaine de frégate Gérard Larroque qui « inaugure » ainsi sa nouvelle affectation dans des conditions mémorables, mesure au radar un diamètre de 65 km le long de l'axe nord-sud et 89 km ouest-est ; le bâtiment restera trois jours dans les creux de 12 m pour répondre à la tâche météorologique qui lui a été confiée.

Après avoir marqué un temps d'affaiblissement, Reva ralentit sa vitesse de déplacement qui passe de 15 nœuds (30 km/h) à 8 nœuds (15 km/h). Au contact d'un océan qui présente vraisemblablement des ressources thermiques importantes jusqu'à une certaine profondeur, le cyclone reprend toute sa force initiale en accélérant sa marche vers le sud-est.

C'est au cours du 12 au 13 que Reva se situe au plus près de Tahiti où les conditions sont mauvaises sur les côtes ouest et nord-ouest ; les vents forts et turbulents sont déformés par le relief accidenté de l'île qui, loin de jouer un rôle protecteur, aggrave encore les conditions générales. A Faaa, on enregistre des vitesses de 130 km/h (70 nœuds) mais on atteint sans doute 160 km/h (85 nœuds) en de nombreux défilés ou vallées.

Le B747 de l'UTA, décollant de bon matin pour Nouméa, avant que le temps se gâte, rencontre, en montée entre 300 et 600 mètres, un vent de nord-est de 110-130 km/h (60-70 nœuds) ! Le sondage exécuté quarante minutes plus tard au même endroit n'indiquera plus que des vents faibles ou calmes à ces altitudes...

Au cours des jours suivants, Reva suit une trajectoire sensiblement parallèle à celle du phénomène précédent, en serrant toutefois les îles Gambier de plus près. Sur sa route, le cyclone parachève le travail de destruction d'Orama. Les dégâts sont considérables tant dans les îles Tuamotu que dans les îles de la Société. On déplore quatre morts sans compter l'équipage du yacht américain *Summer-Seas* qui a fait naufrage dans les parages de Mataiva, et les dégâts matériels sont élevés, comme l'indiquent les chiffres présentés in fine.

Tout comme le *Rostand*, le navire *Rousseau*, de la Compagnie générale maritime, doit attendre plusieurs jours devant Mururoa, où la houle côtière a atteint 7 m, l'atténuation de l'état de la mer qui lui permette de franchir la passe.

Après le 16 mars, poursuivant sa route vers le sud-est, Reva, qui perd peu à peu de sa force, gagne les latitudes moyennes où elle se mêlera aux perturbations du front polaire.

Veena (cyclone tropical)

Un cyclone par mois depuis décembre 1982 constitue un fait suffisamment rare pour que les Polynésiens français se croient enfin tirés d'affaire. Las... La température de la mer se refuse décidément à baisser et continue à entretenir dans les parages des Marquises une instabilité ponctuée par des amas cumuliformes à développement vertical considérable.

C'est le 4 avril qu'apparaît, dans l'est de cet archipel, une organisation nuageuse convergente, et le 6 qu'est localisé un minimum barométrique qui ne laisse guère d'illusion sur la suite.

Se déplaçant d'abord à une quinzaine de nœuds (25/30 km/h) vers ouest-sud-ouest, le phénomène, baptisé Veena, se creuse rapidement pour atteindre l'intensité du cyclone le 9, légèrement dans le nord des îles Tuamotu où il ralentit en continuant à se creuser. La houle d'ouragan, avec des creux d'environ 6 mètres, déferle sur Manihi et Ahe.

A partir du 10 avril, incurvant sa trajectoire vers le sud en accélérant sa vitesse de déplacement, le cyclone passe au matin du 11 près de Tikehau et de Mataiva qui sont presque entièrement détruits (villages rasés, cocoteraie dévastée), puis légèrement dans l'ouest de Rangiroa où l'on enregistre des vents de 75 km/h (40 nœuds), rafales 110 (60), et où le cyclone achève l'œuvre de destruction commencée par les précédents tourbillons. Sur ces trois atolls, au relief classiquement peu prononcé, marée de tempête et houle déferlante submergent les côtes nord et est.

Il semble que la journée du 10 au 11 avril ait été déterminante dans l'évolution du cyclone et il est bien dommage que nous ne disposions pas ici de données suffisantes sur la température de la mer. Le 10, Veena présente la structure normale d'un jeune cyclone en pleine force avec un œil de dimensions relativement faibles, quelque 20 km de diamètre, et un cercle cyclonique limité, dont la masse nuageuse active ne s'étend qu'à 120 km du centre. Une telle configuration, habituellement traduite par un tracé barographique en V aux deux branches très abruptes, correspond à un cyclone intense qui ne demande qu'à se développer encore. Ce sera vite chose faite puisque, le 11, Veena a littéralement doublé, le diamètre de l'œil passant à 50 km et la masse nuageuse s'étendant jusqu'à 200 km. A ce moment-là, le cyclone se révèle comme le plus violent de la saison avec une pression centrale tombant à 950 mbar et des vents soufflant en rafales jusqu'à 200 km/h (110 nœuds).

Pendant la période critique d'intensification, l'aviso-escorteur *Commandant-Bory* (commandant : capitaine de frégate Dominique Planchon) reçoit la tâche primitivement confiée à l'*Enseigne-de-Vaisseau-Henry* pour les deux cyclones précédents, de se tenir au plus près de Veena et de transmettre, chaque heure, des indications sur le phénomène comportant, principalement, le résultat des observations faites au radar. Le météorologiste du bord (maître Gilles Abernot) est ainsi en mesure de suivre la situation au mieux au cours de la période où Veena intéresse étroitement Tahiti.

Le 11 avril, le cyclone modifie sa route après avoir durement touché Makatea et, amorçant une ligne droite pour prendre sa trajectoire finale qui sera orientée au sud-est, accélère encore sa vitesse de déplacement (10 nœuds, 20 km/h) alors que le centre passe, dans la matinée du 12, au plus près, à 50 km de la partie orientale de Tahiti (la presqu'île).

C'est à ce moment-là que Tahiti et Moorea subissent les grandes rigueurs du cyclone : vents de sud violents et turbulents, 162 km/h (88 nœuds) à Faaa-aéroport, où la pression tombe à 978 mbar, causant les dégâts tant aux zones peu élevées qu'aux sites d'altitude où le relief, volcanique et tourmenté, déforme, canalise et renforce ces vents; vagues de 5 à 7 mètres sur les côtes orientales, particulièrement exposées, des deux îles; précipitations importantes (133 mm en vingt-quatre heures à Faaa) provoquant crues brutales, inondations, glissements de terrain.

De fait, les dommages causés à Tahiti sont énormes et viennent s'ajouter à une note déjà lourde : 3000 maisons et une soixantaine de bâtiments publics détruits, plantations ravagées, installations du CNEXO (aquaculture) sévèrement touchées, bateaux de pêche et de plaisance coulés ou drossés à la côte, routes coupées, ponts emportés. Un pylône TV de 65 m est abattu. Le rétablissement complet des réseaux électrique, téléphonique et de distribution des eaux demandera plusieurs mois.

Nos correspondants mandent que « la presqu'île et la côte orientale semblent avoir subi un véritable bombardement... Il semble qu'il manque maintenant une dimension au paysage ».

Accélérant sa vitesse de déplacement qui va atteindre 25 nœuds (45 km/h), Veena éprouve, dans la journée du 12 avril, Hereheretue qui ne s'est pas encore remis du passage d'Orama et de Reva et qui, n'offrant plus désormais aucun abri solide, sera évacué dans les jours suivants de ses 34 habitants ; la station météorologique a disparu, son emplacement « briqué à clair » par le cyclone. L'atoll, attaqué par la houle, est uniformément recouvert de plus d'un mètre d'eau par la marée de tempête.

Poursuivant sa route vers le sud-est, le phénomène passe, dans la matinée du 13 avril, à 250 km dans le sud-ouest de Tematangi où les vagues cycloniques s'acharnent à modifier complètement la physionomie des côtes exposées.

Veena disparaît enfin le 14 avril, allant se fondre au courant d'ouest des *roaring forties* dans le grand sud des Gambier.

William (cyclone tropical)

A peine Veena a-t-il disparu vers le sud que se profile déjà, dans le nord, la dernière perturbation mentionnée dans cet article. Il s'agit de William qui naît dans une position très orientale, dans les parages du 130e ouest, ce qui laisse deviner combien est également perturbée la circulation océanique ; en effet, en temps normal, cette zone est recouverte par des eaux « froides » (environ de 26° C) liées au courant de Humoldt qui porte vers l'ouest depuis la côte sud-américaine et à l'upwelling (remontées profondes froides) entraîné par la circulation atmosphérique.

C'est donc le 14 avril que cette perturbation naît au sein d'amas nuageux puissants avant de se déplacer régulièrement vers le sud-ouest à 5 nœuds (10 km/h) en se renforçant.

Après l'exécution d'une petite boucle le 17, on trouve William, avec 970 mbar au centre et des vents cycloniques (plus de 117 km/h-63 nœuds), localisé à quelque 150 km dans le sud-est de Puka-Puka.

Cette nouvelle orientation de William a pu être suivie dans de bonnes conditions par le *Commandant-Bory* qui, à nouveau, affronta le très gros temps durant douze heures de suite, pour pouvoir transmettre au Service météorologique des renseignements de première importance.

Au cours de son existence, William témoigna, comme ses congénères, d'une « belle santé », atteignant, le 19, 965 mbar au centre avec des vents continuant durablement à souffler en ouragan et soulevant une houle de 8 à 9 mètres.

Les zones se trouvant dans le champ d'action du cyclone, c'est-à-dire au sud du 15e sud et jusqu'à 300 km du centre, eurent à souffrir des rigueurs du phénomène. Les atolls des Tuamotu de l'est et, dans une moindre mesure, les Gambier, déjà durement touchés par Nano, durent faire face à nouveau aux vents violents et aux vagues dont l'action se révèle impitoyable.

Le 22 avril, la dépression, en route vers l'île de Pâques, est « perdue de vue ».

Un lourd bilan

Après le passage de six perturbations tropicales, dont cinq atteignirent l'intensité d'un cyclone, le bilan est très lourd pour la Polynésie française ; sept morts, huit disparus en mer ; les dégâts matériels s'élèvent à plus de 550 millions de francs français.

Sur les quelque 143 îles ou atolls qui composent le Territoire, bon nombre ont été ravagés à 100 %. C'est, en particulier, le cas des îles basses des Tuamotu, déjà victimes, autrefois, de tragédies de même nature qui restent dans les mémoires : 117 morts en février 1878, 517 morts en janvier 1903, plus de 150 morts en février 1906.

Malgré la sévérité de cette saison 1982-1983, on déplore comparativement peu de pertes en vies humaines. Il faut souligner ici l'efficacité du Service météorologique en Polynésie française qui, dans des conditions difficiles — panne du satellite géostationnaire GOES-W à partir de novembre 1982 — et parfois périlleuses — personnels sinistrés — a toujours émis des prévisions dans des conditions permettant de prendre des mesures élémentaires de sauvegarde.

Il faut aussi saluer la collaboration très efficace de la Marine nationale dont le rôle de service public fut, une fois de plus, mis en valeur ; les avisos-escorteurs *Enseigne-de-Vaisseau-Henry* et *Commandant-Bory* et un avion « Neptune », qui participaient aux actions de sauvetage, transmirent au Service météorologique des informations capitales, notamment sur les configurations des cyclones, relevées au radar.

Au passage de chaque cyclone, des vents de 160 à 180 km/h (85 à 95 nœuds) et des pluies diluviennes provoquant inondations et glissements de terrain, sont à l'origine des dégâts occasionnés tant aux infrastructures — routes, aérodromes, télécommunications — qu'aux cultures — les récoltes de coprah sont compromises pour plusieurs années.

Les zones côtières eurent également à subir les assauts d'une mer très grosse à énorme (creux supérieurs à 9 m) formée sur un niveau marin anormalement élevé par l'onde de tempête. Les dégâts sont, là encore, importants, qui furent infligés aux dispositifs portuaires.

On imagine aisément que le nombre de sinistrés a été considérable. Pour la seule île de Tahiti, Veena a détruit ou endommagé plus de 6000 habitations, faisant quelque 25000 sans-abri !

Annexe 2

POISSONS EXOTIQUES

par le Dr Paul Zumbiehl

(*Tonus* n° 853, juillet 1984)

Dans le cadre très vaste de la pathologie des océans, le problème le plus important, du fait de sa fréquence, de sa gravité et peut-être aussi de sa méconnaissance, est probablement celui de l'ichtyosarcotoxisme, ou empoisonnement par poissons vénéneux.

Problème très vaste mais qui recouvre surtout deux grands types d'empoisonnements : l'empoisonnement par ciguatera et l'empoisonnement par les tétrodons et assimilés.

Une pathologie qu'il vous sera peut-être utile de connaître sur les plages de vos vacances.

Les poissons vénéneux semblent connus depuis la plus haute Antiquité. Selon l'égyptologue Keimer, les tombes des pharaons Ti, Méra et autres, datant d'environ 2 700 ans avant J.-C., représentent déjà un poisson ballon — le *Tetraodon stellatus* — stigmatisé comme dangereux à la consommation. Parallèlement, l'historien Macht relève dans la Bible (Deutéronome) le texte suivant, qui daterait de 1451 avant J.-C. : « Vous vous nourrirez de tout ce qui se trouve dans les eaux. Vous pouvez manger tous les poissons ayant des nageoires et des écailles. Mais ceux qui n'ont pas de nageoires et pas d'écailles, vous ne pourrez les manger. Cela est impropre pour vous. »

Avertissement qui met effectivement l'homme à l'abri des animaux les plus redoutables : tétrodons, diodons, balistes, murènes, etc.

Mais c'est aux grands navigateurs que nous devons les relations originales des intoxications pisciaires : Christophe Colomb, Magellan, Cook, Bougainville et bien d'autres en furent les victimes, craignant souvent pour le succès de leur expédition et le salut de leur âme !

Géographiquement, les deux endémies couvrent une large ceinture tout autour du globe, allant :

– de 30° N. à 30° S. pour la ciguatera,

– de 45° N. à 45° S. pour le tétrodotoxisme.

LA CIGUATERA

Ce terme choisi par Poey provient du nom d'un petit mollusque, la « cigua » — *Livona pica* — qui provoque un syndrome polymorphe d'intoxication, très habituel dans les Caraïbes. Par extension, il s'applique à une variété d'intoxication par ingestion de poissons ou d'invertébrés marins, vivant exclusivement en mers coralliennes, c'est-à-dire là où croissent des récifs de madrépores.

Épidémiologie

En matière de ciguatera, la notion capitale à connaître est qu'il s'agit d'une toxicité occasionnelle.

En d'autres termes, on ne peut savoir avec certitude où, quand, et quels poissons sont à redouter. Telle zone indemne peut devenir dangereuse. Telle espèce comestible peut devenir toxique. Et vice versa. Presque tous les poissons de récifs coralliens peuvent être toxicophores. Néanmoins certains sont plus souvent incriminés que d'autres et doivent être considérés comme à haut risque. Il serait hors de propos de dresser le catalogue complet des animaux dangereux (Halstead l'a fait). Citons cependant, dans les grandes familles incriminées, les espèces les plus toxiques, par exemple pour la Polynésie française :

— chez les *Acanthuridae* ou chirurgiens : *Ctenochaetus strigosus* = chirurgien noir ;

— chez les *Scaridae* ou poissons perroquets : *Scarus gibbus* = perroquet grand bleu ;

— chez les *Serranidae* ou mérous : *Plectropomus leopardus* = loche saumonée, *Epinephelus microdon* = loche marbrée, *Cephalopolis argus* = mérou céleste;

— chez les *Lutjanidae* ou lutjans : *Lutjanus bohar* = lutjan rouge, *Lutjanus monostigmus* = perche à tache noire;

— chez les *Lethrinidae* ou becs de cane. *Lethrinus miniatus* = bec de cane à museau long;

— chez les *Carangidae* ou carangues : *Caranx melampygus* = carangue bleue;

— chez les *Labridae* ou labres : *Cheilinus undulatus* = napoléon;

— chez les *Sphyraenidae* ou barracudas et bécunes : *Sphyraena barracuda* = barracuda.

Mention doit être faite aussi de la toxicité possible de mollusques, crustacés et échinodermes, mais apparemment seulement au cours d'une ciguatera paroxystique.

Aspects cliniques

1) D'abord deux observations personnelles :

a) Tané T. est admis en urgence dans la nuit pour un symptôme d'intoxication grave marqué par :

— vomissements et diarrhées profus;

— douleurs musculaires et articulaires intéressant surtout les membres inférieurs;

— troubles de la sensibilité de toute la peau et de toutes les muqueuses, avec à la bouche sensation très pénible de décharge électrique au contact de l'eau froide;

— rash érythémateux très prurigineux, surtout aux extrémités des membres, en particulier aux paumes des mains;

— respiration très superficielle;

— mydriase;

— effondrement tensionnel à 7;

— bradyarythmie à 40;

— hyporéflexie ostéotendineuse.

Les premiers symptômes, à type de picotements et de fourmillements aux lèvres, sont apparus deux heures à peine après un repas de chirurgien noirs — *Ctenochaetus strigosus.*

Dans les antécédents, deux épisodes de ciguatera : l'un il y a dix ans avec un perroquet — *Scarus gibbus* —, l'autre il y a huit mois avec un bec de cane — *Lethrinus monostigmus.*

L'évolution se fera vers un coma de quarante-huit heures extrêmement préoccupant, puis pendant quatre semaines :

— asthénie très importante sur fond de courbatures + + + ;

— démangeaisons + + + sur un érythème généralisé, bientôt desquamatif.

Une tentative prudente de consommation de poisson sain, en l'occurrence du thon en boîte, quatre mois plus tard, fera réapparaître des dysesthésies autour de la bouche !

b) Dominique L. accompagne le premier malade. Il présente sensiblement les mêmes signes, quoique moins accusés. Il insiste beaucoup sur la sensation de décharge électrique aux lèvres et même de maux de dents, au contact du froid, ainsi que sur le prurit des mains et des avant-bras.

Il a partagé le repas de Tané T., mais les premiers symptômes ne sont apparus que huit heures plus tard. Fraîchement débarqué en Polynésie, le patient n'avait jamais connu semblable mésaventure.

Il verra s'amender tous les signes cliniques en trois ou quatre jours, sans séquelles.

2) Ainsi brossé le tableau classique de la ciguatera, il est bon d'en dégager les points principaux.

— Gravité accrue chez le malade ayant déjà subi une intoxication dans le passé, et persistance de sa « réceptivité » même pour la consommation d'un poisson sain.

— Caractère quasi-pathognomonique de la sensation de décharge électrique aux lèvres et à la langue, au contact du froid ;

— *Prurit* précoce et persistant, souvent féroce, qui a d'ailleurs marqué de son sceau la maladie qu'on appelle parfois « la gratte », par exemple en Nouvelle-Calédonie.

— Les examens de laboratoire ne sont d'aucun secours.

3) La conduite à tenir est d'abord préventive et l'ABC pour le pêcheur néophyte est de se renseigner auprès de ceux qui « savent », ou sont supposés tels. Malheureusement, cette règle souffre de nombreuses imperfections !

Le traitement s'appuie en tout premier sur un lavage d'estomac soigneux et prudent, que l'on doit, contrairement aux idées reçues, tenter encore bien longtemps après l'ingestion. Les vomissements spontanés n'émettent généralement qu'une faible partie d'un repas qui, par ailleurs, ne passe pas aisément le sphincter pylorique. Cela nous donne du temps et nous avons personnellement effectué de tels lavages avec des décalages de huit heures et même plus, le succès de cette technique nous étant apporté par l'examen d'un bol alimentaire presque intact et par l'amendement étonnamment rapide de toute symptomatologie.

Quant aux médications, aucun antidote n'étant connu à ce jour, elles seront purement symptomatiques et adaptées au contexte clinique :
— atropine ;
— vitamine B ;
— antihistaminiques ;
— tonicardiaques ;
— corticoïdes ;
— et bien sûr réanimation.

Écologie

L'agent causal de la ciguatera a été découvert vers 1977 aux îles Gambier par le Dr Bagnis. Il s'agit d'une algue unicellulaire flagellée, du genre *Diplopsalis* de la famille des *Heteranlacaceae* qui fut baptisée « *Gambierdiscus toxicus* ». Elle est capable de produire, dans la nature et au laboratoire, le principe toxique majeur de la ciguatera : la ciguatoxine, que l'on retrouve dans les muscles des animaux contaminés.

Cette algue existe en faible quantité sur la plupart des récifs, mais elle prolifère de façon explosive à l'occasion des grandes agressions de ce substrat. Ces agressions sont variées.

Naturelles, il peut s'agit des grandes pluies saisonnières qui, entraînant l'érosion des sols et la sédimentation des boues sur le corail, seraient responsables de la pérennité de l'endémie. Il peut aussi s'agit d'éruptions volcaniques, de cyclones et de raz de marée et il est à prévoir que les cinq cataclysmes qui ont frappé la Polynésie française en 1983, Nano, Orama, Reva, Veena et William, risquent de déclencher de sévères flambées de ciguatera dès 1985.

Agressions artificielles, elles représentent la dégradation par l'homme d'un écosystème fragile, de par ses pollutions de toute sorte, travaux sous-marins de dragage, dynamitage, édification de digues ou autre, déversement de produits chimiques ou simplement d'eaux usées, terrassement sauvage, etc.

Le résultat est uniforme, c'est la mort du corail, bientôt colonisé par les *Diplopsalis* qui, en deux ans, auront contaminé toute la chaîne alimentaire pisciaire.

Les brouteurs d'algues, tels les chirurgiens ou les perroquets, seront les premiers touchés et serviront de relais pour les carnassiers : barracudas, lutjans, etc.

A noter que les poissons accumulent la toxine tout au long de leur vie — sans dommage d'ailleurs pour eux-mêmes.

Donc, en zone endémique, un poisson sera d'autant plus dangereux qu'il est plus gros et plus âgé.

L'INTOXICATION PAR TÉTRODOTOXINE

Le terme provient du nom des poissons responsables, essentiellement les tétrodons, «*puffers*» des Anglo-Saxons ou «*fugu*» des Japonais, mais aussi les diodons, poissons coffres, molas et accessoirement balistes et autres. Il s'agit de l'une des plus graves formes d'ichtyosarcotoxisme, mortelle à 60 %.

Épidémiologie

Les poissons en cause sont des animaux en général globuleux, capables de se gonfler d'air ou d'eau, recouverts d'une peau souvent hérissée d'épines, ou encore présentant l'aspect d'un cuir tendu sur une forme géométrique. Leurs nageoires arrondies et atrophiées en font de mauvais nageurs.

Les poissons les plus souvent incriminés sont :

— les *Tetraodontidae* :

— *Arothron stellatus* = tétrodon étoilé ;

— *Arothron hispidus* = tétrodon marbré ;

— *Arothron meleagris* = tétrodon moucheté ;

— *Fugu chrysops* = tétrodon jaune ;

— les *Diodontidae* :

— *Diodon hystrix* = diodon porc-épic ;

— *Diodon holacanthus* = diodon tacheté ;

— les *Molidae* :

— *Mola-Mola* = poisson-lune ou mola ;

— les *Balistidae* :

— *Balistoïdes viridescens* = baliste à tête jaune ;

— *Balistoïdes conspicillum* = baliste-clown.

La toxicité des tétrodons est à peu près constante, encore que certains animaux puissent être plus ou moins toxiques ou même sains. Mais comment le savoir ?

On connaît peu de choses au sujet de cette toxicité. Néanmoins quelques acquis peuvent être soulignés :

— les tétrodons sont surtout toxiques en période de frai et les femelles le sont davantage que les mâles ;

— le poison se trouve essentiellement dans la peau, le foie, les intestins et surtout les ovaires. La chair est en général saine, mais peut cependant être contaminée.

Aspects cliniques

Les premiers symptômes apparaissent moins d'une heure après l'ingestion.

On distingue quatre stades de gravité :
— 1er degré : paresthésies orales avec parfois nausées, vomissements, diarrhées ; signe capital : la sensibilité profonde est perturbée, donnant une impression d'apesanteur (Cook lui-même a dit ne plus distinguer s'il soulevait une plume ou une cruche pleine d'eau) ;
— 2e degré : paresthésies importantes avec paralysies des extrémités, mais réflexes intacts ;
— 3e degré : incoordination motrice. Aphonie, dysphagie, détresse respiratoire, oppression thoracique, cyanose, hypotension artérielle, mais conscience conservée ;
— 4e degré : détérioration des facultés mentales, paralysie flasque généralisée, respiratoire en particulier, effondrement tensionnel, bradyarythmie. Coma précédant la mort entre dix-sept minutes et quatre heures.

La conduite à tenir est semblable à celle de la ciguatera.

La prévention s'appuie sur la connaissance et le rejet des poissons suspects.

En plus des médications symptomatiques et de la réanimation déjà citées, on peut adjoindre utilement :
— strychnine ;
— bicarbonate de sodium ;
— apomorphine ;
— laxatifs.

En sachant toutefois que la clef de voûte du traitement réside dans les vomissements provoqués et, mieux, dans le lavage d'estomac en extrême urgence (sur sujet conscient).

Chez un comateux, le seul acte vraiment utile sera de pratiquer une respiration artificielle combinée avec une aspiration gastrique.

Des problèmes sérieux

L'étude de l'ichtyosarcotoxisme montre que cette pathologie est importante, tant sur le plan nutritionnel qu'économique. Ce sont précisément les régions insulaires, dépendant en grande partie des ressources de la mer, qui sont les plus touchées.

C'est pourquoi la commission du Pacifique Sud a organisé un réseau d'études de la ciguatera. Le réseau est constitué par trois groupes indépendants de chercheurs : à Hawaii (USA), Tahiti (France) et Sandai (Japon).

Les résultats les plus décisifs ont été obtenus par l'étroite collaboration de ces groupes. C'est ainsi que Bagnis (Tahiti) a découvert récemment l'agent causal de la ciguatera, mettant ainsi un terme à une énigme millénaire. Et ce genre a été identifié par Adachi au Japon.

Parallèlement, l'étude des empoisonnements par tétrodons et assimilés est surtout menée au Japon.

En conclusion et pour être pratique, nous aimerions souligner les points suivants valables pour la seule ciguatera. L'institut Mallardé de Tahiti a mis au point une méthode de détection, combinant extraction de la ciguatoxine, puis innoculation à un moustique.

— Il n'existe pas de moyen de détection immédiate de la toxicité d'un poisson. Le test le plus simple possible est d'offrir le poisson suspect à la convoitise d'un animal cobaye et d'observer le résultat (le chat est très réceptif)...

— La toxicité des poissons vénéneux n'a rien à voir avec leur état de fraîcheur.

— La cuisson ou l'ébullition n'a aucun effet favorable (ou alors si peu)...

— Il n'y a pas d'antidote, ni préventif ni curatif.

Une réglementation, en vigueur dans la plupart des pays concernés, interdit la vente des poissons reconnus ciguatérigènes. Ainsi, à Tahiti, sont prohibés les napoléons, barracudas, lutjans rouges, perches à tache noire, etc.

Au Japon, différentes préfectures défendent la vente des tétrodons entiers, en permettant toutefois la vente des animaux éviscérés selon des normes strictes. Enfin, à Tokyo, seuls les chefs cuisiniers titulaires d'un diplôme spécial sont habilités à préparer les fameux « fugu », c'est-à-dire les tétrodons dont raffolent les Japonais. Pour les fins gourmets que la question intéresse, nous pouvons suggérer le livre relatif à ce CAP de cuisinier tout à fait particulier : *Text book for fugu cooks* (library World Life Research Institue). Pour mémoire, les statistiques japonaises de décès par fugu les chiffrent en moyenne à deux cents cas par an malgré ces précautions.

Bref, ici comme ailleurs le seul conseil valable nous paraît être : « *Dans le doute abstiens-toi.* »

REMERCIEMENTS

I. AUTONES
M. BOISNETTE, administrateur des Tuamotu-Gambier
J.-F. CHAZOTTES
Le commandement des armées et Centre d'expérimentation du Pacifique
J. DARCHEN, direction de la Météorologie nationale
C. DAUPHINE
P. DESHUMEURS
A. ELLACOTT, chef de service des Travaux publics
Les équipages des : *Aïto*
Kébir
La Lorientaise
Meherio
Neptune 331
A. FRÜHBUS
T. JONES
Les journaux : *Le Bulletin MET-MAR*,
La Dépêche de Tahiti,
Les Nouvelles de Tahiti
Tonus
P. MAMBRETTI
G. MIDROUILLET
H. POULIQUEN
R. SALVETTI
Les services de l'Agriculture,
la Météorologie,
la Poste et Radio-Mahina
A. TEANO
T. et G. TEKUATAOA
J. TEUIRA
A. TRASSY

Remerciements spéciaux : B. et D. KURKA

Table des dessins

Dessins réalisés par Isabelle Autonès.
Photos sous-marines de Henri Pouciquen
Photos du Kébir *de Patrick Zarlengua*
Photos de Ahunui de Paul et Daniel Zumbiehl

Table des matières

« AVENTURE AU XXe SIÈCLE »

Collection dirigée par Patrick Edel

DIX CHIENS POUR UN RÊVE

par François Varigas
avec 30 photos en couleurs

QUATRE ENFANTS ET UN RÊVE

par Christian et Marie-France des Pallières
avec 49 photos en couleurs

LA ROUTE DES ÉPAVES

par Yves Pestel
avec 49 photos en couleurs

UN ATOLL ET UN RÊVE

par Paul Zumbiehl
avec 34 photos en couleurs

Cet ouvrage
a été composé
par Charente-Photogravure
à Angoulême
et imprimé sur les presses
de Pollina à Luçon
en octobre 1985
pour les Éditions Albin Michel

N° d'édition : 9097. N° d'impression : 7542
Dépôt légal : novembre 1985